치매지만
하나님께
사랑받고 있습니다

치매지만
하나님께
사랑받고 있습니다

ⓒ 생명의말씀사 2022

2022년 7월 25일 1판 1쇄 발행

펴낸이 | 김창영
펴낸곳 | 생명의말씀사

등록 | 1962. 1. 10. No.300-1962-1
주소 | 서울시 종로구 경희궁1길 6 (03176)
전화 | 02)738-6555(본사)·02)3159-7979(영업)
팩스 | 02)739-3824(본사)·080-022-8585(영업)

지은이 | 강현숙

기획편집 | 서정희, 김자윤, 장주연
디자인 | 김혜진
인쇄 | 영진문원
제본 | 다온바인텍

ISBN 978-89-04-16765-4 (03230)

저작권자의 허락없이 이 책의 일부 또는 전체를
무단 복제, 전재, 발췌하면 저작권법에 의해 처벌을 받습니다.

치매지만
하나님께
사랑받고 있습니다

강현숙 지음

추천사

치매를 신앙의 관점에서 바라보고 이해하게 해주는 책입니다. 치매 교인에게도 동일하신 하나님의 조건 없는 사랑과 이해의 품성을 깨닫게 됩니다. 이 책을 통해 노년뿐만 아니라 인생의 봄, 여름, 가을, 겨울 모든 시즌에 늘 하나님의 무조건적인 사랑을 알아가고 베풀 기회가 되길 바랍니다.

_ 유은정 (정신건강의학과 전문의, 서초좋은의원 원장)

뜨거운 삶과 차가운 진단 사이에 하나님은 어디에 계신지 찾게 됩니다. 이 책은 한탄의 호흡과 깊이를 알 수 없는 고통의 늪 가운데에도 환자와 가족이 멈추지 않는 하나님의 시선을 경험하게 할 것입니다. 책장을 넘겨가며 망각 속에서도 기억하시는 하나님을 발견하고 지친 가족의 어깨를 기꺼이 끌어안아 주시는 하나님을 만나게 될 것입니다.

_ 이호선 (숭실사이버대학교 기독교상담복지학과 교수, 한국노인상담센터장)

2025년이면 65세 이상 인구가 전체 인구의 20%를 넘는 초고령화 사회로 접어듭니다. 『치매지만 하나님께 사랑받고 있습니다』는 이런 변화의 시대에 공동체 내의 다른 지체를 이해하고 함께하는 법을 알려줍니다. 저희 어머니도 10년 넘게 치매를 앓다 돌아가셨습니다. 그 경험을 통해 같은 처지의 교인들과 공감할 수 있었고 치매를 올바로 이해하는 계기가 되었습니다. 저자는 치매 어머니와의 경험과 풍부한 사례를 통해 어떤 모습이든 모두 사랑받는 하나님의 자녀임을 보여줍니다. 치매 교인의 가정뿐 아니라 이들과 함께할 앞으로의 한국 교회에 이 책을 추천합니다.

_ 주승중 (주안장로교회 담임목사)

들어가는 말

신실하게 신앙생활을 해 오신 엄마에게
왜 치매가 왔을까?

어느 날 어린 시절 함께 신앙생활을 했던 교회 친구로부터 전화가 왔습니다. 엄마가 치매에 걸리셨는데 저희 어머니도 치매라는 말을 전해 들었다며 그동안 힘들었던 친구의 마음이 봇물 터지듯 쏟아졌습니다.

서로 30년 이상을 만나지 못했고 비록 전화 통화이긴 했지만 '치매'라는 단어가 강력한 공감대가 되어 시간 가는 줄 모르고 이야기를 나눴습니다. 대화 내용은 치매라는 병으로 점점 변해가는 엄마, 무엇보다 자신의 딸도 알아보지 못하는 엄마와 생활하면서 겪는 어려움이었습니다. 그런 엄마를 돌보면서 감당하기 버거운 고통을 느꼈을 친구를 생각하니 제 마음도 아리더군요.

그런데 딸조차 알아보지 못하는 엄마를 돌보는 일보다 이 친구를 더 힘들게 한 것은 '평생을 엎드려 기도하며 신실하게 신앙생활을 해 오신 엄마에게 왜 치매가 왔을까?' 하는 영적인 의구심이었습니다. 거기다 치매에 대한 주변의 곱지 않은 시선으로 다른 사람들에게 엄마 이야기를 쉽게 털어놓을 수 없었는데, 우연히 저의 어머니에 대한 소식을 듣고 전화를 한 겁니다.

그동안 같은 고민을 해 온 신앙인으로서 그 친구와의 통화는 저에게 영적인 질문들을 불러일으켰습니다. 이 세상은 우연히 굴러가는 게 아니라 하나님의 섭리 가운데 움직여나가는 것이라 굳게 믿고 있는 저에게, 그렇다면 '치매 성도에게서 우리는 어떤 삶의 의미를 발견할 수 있을까?' 혹은 '치매를 통해서도 하나님은 영광을 받으실 수 있을까?' 하는 물음들이 마음속에서 끊임없이 올라왔습니다.

한국은 세계에서 가장 빠른 속도로 초고령 사회에 진입하고 있는 나라입니다. 의학의 발전으로 인간의 평균 수명이 늘어남에 따라 노인 인구도 꾸준히 증가하고 있죠. 현재 치매 인구는 100만 명 정도로, 65세 이상 노인 인구 중에서는 10명 중 1명, 80세가 넘으면 4명 중 1명, 그리고 90세가 넘으면 3명 중 1명이 치매 환자입니다.

더욱이 우리나라 전체 인구 중 60세 이상의 인구 비율이 29%라고 할 때, 그중 기독교인의 비율은 38.1%입니다. 우리나라 인구의 고령화 비율보다 교회의 고령화 비율이 더 높습니다.[1] 이것은 교회의 고령화가 이미 뚜렷하고, 앞으로는 점점 더 빠르게 진행되어 결과적으로 성도들 가운데 치매 환자가 점점 증가할 수 있다는 이야기입니다.

그런 점에서 치매로 고통받고 있는 분들과 그 가족을 돌보는 일에 교회가 마땅히 동참해야 한다고 생각합니다. 다시 말해 "만일 사랑하는 사람이 치매에 걸린다면 당사자나 가족은 어떻게 대처해야 할까요?"라는 물음을 교회가 함께 고민하고 해결해야 합니다. 그래서 저는 부족하지만 치매 당사자와 그 가족들이 하나님의 말씀을 기억하며 여전히 하나님의 은혜 가운데 살아갈 수 있도록 위로와 소망을 주고 싶었습니다.

더욱이 주 안에서 보이지 않는 끈으로 연결된 우리는 서로 영향을 주고받으며 살아가는 지체들이기에 치매에 대해 제대로 알아야 합니다. 왜냐하면 치매에 대해 알지 못해 벌어지는 안타까운 일들이 교회 안에서와 성도들 간에 종종 발생하고 있기 때문입니다. '아는 만큼 보인다'라는 말이 있듯이 치매에 대해 알면 여러모로 도올 수 있습니다. 알지 못해 서로 도와주지도 못하고 도리어 상처 주는 언행을 하는 모습을 자주 보아왔기에, 이 책을 통해 그런 사례들을 함께 공유하고 싶었습니다.

아무쪼록 이 책을 통해 치매 환자에 관한 관심과 더불어 제한적이긴 하지만 치매 환자도 여전히 하나님을 기억하고 하나님의 은혜 안에 머무를 수 있음을 알게 되기를 바랍니다. 그들을 이해하고 함께 살아가는 데 도움이 되었으면 좋겠습니다.

C.O.N.T.E.N.T.S.

추천사 4
들어가는 말 6

1부 치매를 잘 몰라서 벌어지는 일들

01 기억력의 문제로 이런 일들이 생겨요

설령 "예수님이 누구예요?" 하고 되물을지라도	21
'마태복음이 어디에 있더라…'	24
같은 구역 식구를 못 알아봐서	27
교회 가는 일이 어려워지다	30
"저, 그 교회 다닌 적 없는데요"	32
어느 때는 딸, 어느 때는 며느리	34
독일요양원에서 한국말을 하는 치매 환자들	38
자신이 치매임을 담화로 발표한 레이건 대통령	40

02 소통이 어려워서 이런 일들이 있어요

상대방 이름이 떠오르질 않아서	45
"오늘 점심은 뭘 드셨나요?"	48
질문을 받으면 '그냥 웃지요!'	50
치매 환자에게는 개방형 질문보다 양자택일형으로	53
열 명의 식구들 앞에 놓인 삼계탕 한 마리	55

03 이런 이상행동들이 보여요

망상: 과거와 현재를 혼동해서 망상이 생긴다	59
배회: '집'에 가야 한다며 자꾸 집을 나가려 한다면	64
공격성: "내가 왜 기저귀를 차냐?"	66
수집 행위: 쌓아두지 않으면 불안감을 느낀다	69
착각: "저 남자가 너를 뚫어지게 쳐다보는데 왜 그러는 거니?"	71
이상행동은 개인의 삶의 역사와 관련이 있다	73

TIP 치매자가진단과 예방 수칙   76
치매자가진단(SMCQ) 문항, 치매예방수칙 333

?! 교회에서 파악할 수 있는 치매 의심 증상들   80

2부 치매 환자의 내면을 더 잘 이해하기 위해

01 치매 환자의 이상행동들 뒤에는 이것이 있어요

영화 〈엄마의 공책〉 들여다보기	85
마음속 감정 응어리들은 치매가 와도 비껴가지를 못하더라	90
"우리 며느리가 최고"	92
나에게 치매가 온다면 어떤 이상행동을 보일까?	94

02 치매 환자와 '연결'되기 위한 키워드는?

치매가 와도 감정기억은 생생하다	99
치매 환자에게 절대적으로 필요한 '공감'	101
치매 환자라고 해서 아무것도 모르는 게 아니다	103
치매 환자에게 긍정적인 감정이 쌓여가도록	106
돌보는 이가 알아야 할 '감정기억'	108
이 세상 모든 이들이 듣고 싶어 하는 말 '사랑해요', '고마워요'	110

03 치매를 이해하기 위해 필요한 몇 가지 지식들

치매와 알츠하이머병은 같은 말일까?	115
건망증과 치매, 그리고 경도인지장애	118
기억의 종류와 기능에 따라 분류한 뇌	120
치매의 진행단계_어터몰렌의 자화상	122
무감동증상_온종일 소파에 그림같이 앉아 있다	126
치매 리스크란?_때를 놓쳐선 안 된다	128
치매와 정서 지능	130

?! 치매 교인에게는 이렇게 대해 주세요   132

3부 치매 교인과 함께하는 은혜의 여정

01 치매가 와도 여전히 소중한 '하나님의 형상'입니다

하나님과 하는 숨바꼭질 놀이	137
하나님이 나의 아버지임을 기억하세요	140
하나님의 형상을 드러내는 능력에 문제가 생길지라도	144

02 하나님은 절대로 치매 환자를 잊지 않으십니다

"하나님, 하나님 하며 외우는 거야"   147
언약을 잊지 않으시는 하나님   150
우리가 가만히 있어도 되는 것은 아니다   154
치매 판정 이후에도 삶은 계속된다   157

03 치매 환자에게 남겨진 '은혜의 섬'

'칵테일 파티 효과'와 성령님   161
'기도'라는 은혜의 섬   163
'찬양'이라는 은혜의 섬   166
'예배'라는 은혜의 섬   171
'기억'이라는 은혜의 섬   173

?! 치매의 진행을 늦춰주는 신앙 활동들   176

4부 치매 교인의 가족을 위하여

01 치매 환자를 돌보는 이들이 경험하는 '광야'

치매 환자 가족들이 겪는 심리 단계	181
하나님이 함께하시면, 광야에서조차 살아갈 수 있다	184
4가지 광야	189
주님 앞에 서는 날, 치매 환자를 돌본 이들이 듣게 되는 말	195

02 나를 돌보는 만큼 치매 환자를 돌볼 수 있습니다

딱딱한 '얼음'에서 부드러운 '물'이 되는 여정　　　　199
사랑의 4단계　　　　201
'가족지지 모임'에 참여하기　　　　209
구원이라는 복음에서 복음을 살아내는 공동체로　　　　211

03 하나님은 내 인생의 공동 저자이시다

하나님과 함께 써 내려가는 나의 인생 이야기　　　　215
이 세상이라는 연극무대의 연출자, 하나님　　　　217
내가 바꿀 수 없는 조건들이 나의 사명이 될 수 있다　　　　219
삶의 의미를 발견하는 3가지 방법　　　　222
하나님은 우리의 고통스러운 경험들까지 사용하신다　　　　226

TIP 치매 교인 가족을 위한 방안　　　　230
　　　가족지지 모임, 치매 가족 지원 사업

?! 교회에서 치매 교인 가족을 도울 수 있는 방법　　　　232

끝맺는 말　234
주　238
참고문헌　239

1부

치매를 잘 몰라서
벌어지는 일들

- 기억력의 문제로 이런 일들이 생겨요
- 소통이 어려워서 이런 일들이 있어요
- 이런 이상행동들이 보여요

01

기억력의 문제로
이런 일들이 생겨요

치매로 인해 나타나는 증상은 너무 많고 다양해서
표준이 될 만한 교과서 같은 사례를 제시하기는 쉽지 않습니다.
이 책에 기술된 사례들은 어쩌면 '빙산의 일각'이라고
표현할 수도 있겠지만, 치매에 대한 이해를 돕기 위해
교회에서 혹은 성도 간에 벌어지는 일들을 중심으로 기술하였습니다.

설령 "예수님이 누구예요?" 하고 되물을지라도

얼마 전에 교회에서 예배를 마치고 서로 인사를 주고받았습니다. 치매 초기이신 K 집사님이 오랜만에 오셔서 성도들은 반가운 마음에 그 집사님 앞으로 몰려들었죠. 그런데 어느 권사님이 K 집사님을 향해 "집사님, 내가 누구야? 응? 누구냐니까?" 하면서 대답을 재촉하기 시작했습니다. 그러자 K 집사님은 머뭇거리며 당황한 눈빛이 역력했습니다. 그때 옆에 계셨던 사모님이 얼른 "○○ 권사님이시잖아요."라고 일러드린 덕분에 치매가 오기 전에도 눈치가 빨랐던 K 집사님이 사모님을 따라 "○○ 권사님."이라고 할 수 있었습니다. 그렇게 상황은 무사히 넘어가게 되었죠.

치매는 정상적으로 생활해오던 사람이 후천적인 다양한 원인으로 기억, 언어, 판단력 등 여러 영역의 인지기능을 상실하는 상태를 말합니다. 그로 인해 일상생활에 상당한 지장을 초래하게 되죠. 이를테면 어느 날 갑자기, 교회 화장실 앞의 '화장실'이라는 표지판을 보고도 그 표시와 화장실이라는 단어의 뜻을 연결 짓지 못해 헤매게 됩니다. 손을 씻어야 하는데 수도꼭지를 어떻게 작동시켜야 물이 나오는지를 몰라 머뭇거리기도 합니다.

"그럼 제가 알려드릴까요?"

흔히 '치매=기억력 상실'로 알려졌는데, 그것은 치매의 대표적인 초기 증상이 기억력 장애이기 때문입니다. 이런 기억력 장애로 인해 사람과 사물의 이름이 생각나지 않고 대화 중에 특정 단어가 떠오르지 않아 치매 환자는 민망함과 당황스러움을 느끼게 됩니다.

방금 "집사님, 내가 누구야?" 하고 물으신 권사님은 안타까운 마음에 혹은 친구 집사가 치매라는 걸 인정하기 싫은 탓에 그렇게 집요하게 물었을 겁니다. 하지만 치매이신 집사님을 배려한다면 "집사님! 우리 오랫동안 못 만났네요. 그래도 저 ○○ 권사, 잊지 않으셨죠? 보고 싶었어요. 이렇게 뵈니까 너무 반가워요."라고 인사하는 것이 더 좋습니다. 그렇다면 K 집사님이 그토록 당황하지는 않으셨을 테니 말입니다.

혹시 예수님을 물어 보는 질문에 치매 환자가 "예수님이 누구예요?" 하고 되물을지라도, "아니, 다른 건 그렇다 쳐도 예수님까지 잊으면 어떡해요?"가 아니라 "그럴 수도 있어요." 혹은 "그럼 제가 알려드릴까요?"라는 식으로 말해야 합니다. 그래야 치매 환자가 위축되거나 불안해하지 않고 편안하게 교회에 오실 것입니다.

'마태복음이 어디에 있더라…'

치매인 어르신들의 경우 어느 날 갑자기 성경 본문을 찾을 수 없게 됩니다. 몇십 년 동안 매 주일 성경을 찾아 읽곤 했는데, 이번 주일에는 구약성경에서 제일 먼저 나오는 창세기나 신약성경의 마태복음이 어디에 있는지 찾지를 못합니다.

말도 안 된다고 생각되지만 실제로 그런 일들이 일어납니다. 이런 게 치매입니다. 물론 치매의 진전 정도에 따라 조금씩 차이를 보일 수도 있습니다. 하지만 대부분의 치매 교인에게는 어려운 일이 됩니다.

찬송가도 마찬가지입니다. "찬송가 450장이요."라고 하면 이걸 어떻게 찾아야 하는지 막막한 겁니다. 마치 말귀를 잘 알아듣지 못하는 두세 살 된 어린아이에게 찬송가 450장을 찾으라고 한 것처럼이요.

한 권사님이 주일예배를 마치고 집에 가셨는데, 다시 교회에 오셨답니다. 그래서 다른 사람들이 조금 전에 예배를 드리지 않았냐고 말씀드렸지만 아무리 설명해도 권사님은 이해하지 못하셨습니다. 왜일까요? 조금 전에 교회에서 예배를 드렸지만 그 사실을 뇌에 기록하는 해마가 손상을 입었기 때문입니다. 그러니 치매가 오면 대표기도를 할 때도 당연히 문제가 생기겠죠. 단순히 중언부언하는 정도가 아닙니다.

대표기도 중에 튀어나온 "우리 아들, 며느리…"

어느 교회에서 치매이신 집사님이 수요예배 때 대표기도를 하셨습니다. 처음에는 보통 때 기도하는 것처럼 하셨지요. 그런데 중간에 그만 "하나님, 우리 아들, 며느리 신앙생활 잘하게 해주시고 우리 손자 대학 잘 가게 해주세요."라는 기도가 튀어나왔습니다. 대표기도임에도 불구하고 평상시에 자신이 가족들을 위해 하던 기도를 그대로 하신 겁니다. 혹은 했던 말을 계속해서 반복하는 분도 있습니다. 이처럼 기도하는 몇 초 사이에도 방금 자신이 한 기도 내용을 잊어버리기 때문에 기도를 온전히 이어갈 수 없게 됩니다.

"머리 염색 예쁘게 하셨네요"

어느 사모님은 이런 에피소드를 말씀하셨어요. 수요예배를 마치고 예배에 오신 C 권사님께 "권사님! 머리 염색 예쁘게 하셨네요."라고 했는데, 치매 초기이신 C 권사님은 자신이 오늘 염색했다는 사실을 깜박 잊어버리신 겁니다. 그래서 "사모님, 나 흰머리 많아서 보기 흉한데, 뭐가 예뻐요?" 하며 뾰로통한 표정을 짓고 예배당을 나가셨답니다. 그런데 교회 현관 앞에 있는 거울을 보는 순간, 권사님의 머리가 까맣게 염색이 되어 있는 걸 보고 모두 한바탕 웃었다고 해요.

같은 구역 식구를
못 알아봐서

    J 권사님의 이야기입니다. B 권사님 부부와 바람을 쐬러 안면도에 다녀오셨답니다. 그런데 자신의 가방에 들어 있던 돈 5만 원이 없어졌다고 해요. J 권사님은 B 권사님이 가져간 것이라 생각하고 어떻게 자기에게 그럴 수 있냐며 B 권사님이 너무 괘씸했다고 합니다. 두 분은 수십 년을 친자매처럼 가깝게 지내온 사이였는데, 언제부턴가 J 권사님은 B 권사님을 향해 '나쁜 사람'이라고 험한 말을 해대셨지요. 처음에는 'B 권사님이 어떻게 그럴 수가 있지?' 하고 많은 교우가 B 권사님을 안 좋게 보았는데, 그 이후에도 J 권사님은 또 다른 집사님이 자기 가방에서 돈을 꺼내 갔다고 했어요.

    그런 일이 몇 차례 있고 나서 J 권사님은 치매 판정을 받으셨습니다. 치매로 돈 5만 원을 다른 곳에 두었다는 사실을 그만 잊어버리고 자기 돈을 B 권사님이 가져갔다고 생각을 하신 거였지요.

"알았어요. 그냥 먼저 가세요"

또 다른 이야기로, D 권사님은 치매 판정을 받으셨지만 상황이 여의치 못해 혼자서 생활하시는 상태였습니다. 그런데 권사님이 날짜나 요일을 제대로 기억하지 못해서 주일이면 교회에 나오지 못하시는 날이 점점 늘어났습니다. 이런 상황을 안타깝게 여긴 같은 구역의 A 집사님이 주일이면 권사님 집 앞에서 초인종을 누르고 "권사님, 교회 함께 가요. 내려오세요."라고 했답니다. 하지만 D 권사님은 늘 "알았어요. 그냥 먼저 가세요. 곧 뒤따라갈게요."라고만 하셨죠.

왜 그러셨을까요? D 권사님은 코로나로 장기간 교회에 가지 못하셨고 그러다 보니 같은 구역인 A 집사님을 잊어버리신 겁니다. 그러니까 D 권사님 편에서는 잘 모르는 사람이 초인종을 누르며 함께 교회에 가자고 하니까 무섭고 겁이 난 거예요. 그래서 "그냥 먼저 가세요."라고 하고 본인도 교회에 못 가신 겁니다.

여전도회비의 문제

교회에서 이런 일도 종종 일어납니다. 치매인 여전도회원이 여전도회비를 내지 않았습니다. 그런데 회비를 안 낸 사실을 기억하지 못하고 우기는 바람에 다툼이나 싸움이 일어나는 것입니다. 치매에 대한 상식이 어느 정도 있는 사람은 그런 일이 있을 때 그분의 아들이나 딸, 며느리에게 살짝 귀띔해 주어서 치매 검사를 받게 하기도 합니다. 하지만 보통은 상대방이 치매인지를 모르니까 여전도회비를 냈다고 우기는 회원을 다른 회원들이 따돌리는 안타까운 일도 종종 벌어지죠. 치매를 의심해볼 수 있는 이런 단서들을 알고 있으면 관계 속에서 상처를 받아 교회를 떠나거나 서로 틀어지는 일이 생기기 전에 치매 교인을 도울 수 있습니다.

교회 가는 일이
어려워지다

치매가 오면 평생 살았던 동네처럼 아주 익숙한 곳에서도 목적지를 찾지 못하고 헤매게 됩니다. 이렇게 시간, 장소, 사람에 대해 제대로 인식하거나 파악하지 못하는 것을 '지남력 장애'라고 합니다.

H 권사님은 약 15분 정도를 걸어서 교회에 가시곤 했답니다. 집 가까이에 있는 지하상가를 통과하면 바로 육교가 있고, 그 육교를 건너 조금 더 걸어가면 본인이 50년 이상 다니신 교회가 있지요. 그런데 어느 날부터인가 교회에 가는 일이 너무 어려워진 겁니다. 가족들 말에 의하면 교회에 갔다가 중간에 돌아오신 적이 여러 번 있었다고 해요. 때로는 예배가 다 끝날 무렵에 교회에 도착하시기도 했답니다. 하지만 H 권사님이 말씀을 하지 않으셨기에 왜 교회에 늦게 오셨는지 이유를 아는 교인은 아무도 없었다고 해요.

거실의 성탄 트리 때문에…

이런 사례도 있습니다. 치매 아버지를 모시고 사는 집사님이 계셨는데 어머니가 이번 성탄절에는 거실에 성탄 트리를 하고 싶다고 하셨대요. 그래서 집사님이 예쁘게 장식하고 전구도 달아서 반짝반짝 빛나는 트리를 만들었답니다.

그런데 그날 저녁에 바로 문제가 생겼어요. 치매이신 아버지가 주무시다가 화장실을 가려고 거실로 나오셨는데, 성탄 트리에서 반짝반짝 빛나는 불빛을 보고 그만 이곳이 자기 집이 아니라 시내 한복판이라고 생각하신 겁니다. 아버지는 한참을 거실에서 헤매다가 다시 방으로 들어가셨지만, 너무 오래 참으셨는지 방에서 그만 실례를 하고 말았습니다.

이런 이유로 치매가 시작되고 점점 깊어질수록 치매 환자가 생활하는 환경을 바꾸지 않는 것이 좋습니다. 본인이 오랫동안 살아온 익숙한 동네라면 집 밖에 나갔다가 혹시 길을 잃어도 앞서 이야기한 H 권사님처럼 교회나 집을 찾을 수는 있습니다. 시간은 좀 걸리더라도 말입니다. 하지만 낯선 환경으로 이사를 하게 되면 외출 시 한참을 헤매도 끝내 집을 찾지 못할 수도 있습니다.

"저, 그 교회 다닌 적 없는데요"

농촌에서 목회하시는 어느 목사님이 다음 이야기를 들려주셨습니다. 혼자 사시는 P 권사님이 매주 드리는 안부 전화를 받지 않으셔서 걱정이 되셨답니다. 그래서 사모님과 함께 심방을 가셨는데 권사님이 목사님과 사모님을 보시더니 "저, 그 교회 다닌 적 없는데요."라고 하신 거예요. 코로나로 장기간 교회에 못 가신 P 권사님이 교회도, 목사님도 잊어버리고만 것이죠. 너무 놀란 목사님이 "권사님을 어떻게 도와야 하나?" 하고 여기저기 알아보며 고민하던 중에, P 권사님이 영하의 날씨에 얇은 옷을 입고 나가셨다가 그만 들판에서 동사하셨다는 소식을 들었다고 합니다. 너무나 안타까운 일이죠.

한여름에 겨울 부츠를 신고 온다면

치매의 가장 두드러진 증상은 기억, 언어, 판단력이 감퇴하는 것인데, 그 결과 치매 어르신들은 현재의 날씨에 어떤 옷을 입어야 하는지 잘 모르십니다. 때문에 교회나 주변에서 날씨에 어울리지 않는 옷을 입은 어르신들을 보면 혹시 치매가 아닐지 생각해 보아야 합니다. 노인복지관에서 근무하는 사회복지사들에 의하면 한여름인데도 겨울 부츠를 신고 복지관에 오시는 분들이 종종 있다고 합니다. 복지관에 다니는 분들의 평균연령이 80세가 넘어서 그런지 요즘은 치매이신 어르신들과 대면하는 경우가 예전보다 훨씬 많아졌다고 하네요.

어느 때는 딸,
어느 때는 며느리

이런 일이 집 밖이나 교회에서만 일어나는 건 아닙니다. 가족 내에서도 치매임을 알아차리지 못해서 생기는 어이없는 일들이 많습니다.

가장 흔한 경우의 하나로 아들이 퇴근하고 와서 "어머니, 저녁 식사 맛있게 하셨나요?" 하고 물으면 "나 밥 안 먹었어. 배고파."라고 하시는 거죠. 그러면 며느리가 "어머니, 조금 전에 드셨잖아요."라고 합니다. 물론 며느리의 말도 맞고 어머니의 말도 맞습니다. 왜냐하면 어머니는 식사했다는 사실 자체를 통째로 잊어버렸으니까 식사를 하고도 안 했다고 하시는 것이죠.

이때 치매에 대해 잘 모르면, 아들은 어머니 말만 믿고 아내를 의심의 눈초리로 바라볼 수 있습니다. 혹은 아내에게 "당신이 평상시에 우리 어머니에게 어떻게 했으면 어머니가 저러시겠어?" 또는

"당신 어머니라면 이런 말씀을 하실 때까지 가만히 있겠어?" 하고 따진다면 부부싸움은 끊이지 않을 겁니다.

치매인 친정엄마와 생활하고 있는 어느 따님은 자신을 대하는 엄마의 태도가 상황에 따라 변하는 걸 느꼈다고 해요. 친정엄마가 자신의 얼굴과 올케(며느리)의 얼굴을 잘 구분하지 못하게 된 것인데, 치매가 진행됨에 따라 사람의 얼굴을 제대로 구분하지 못하는 상태가 되신 것이죠. 그래서 자신을 딸로서 대하기도 하지만 어느 때는 며느리로 대하신다고 합니다. 그러다 보니 이 치매 성도의 경우 딸을 딸로 대할 때는 친근하고 편하게 말씀하시는데, 딸을 며느리로 대할 때는 말이나 행동 면에서 예의를 갖추려고 애쓰는 모습이 역력하다고 합니다.

주방 살림에 문제가 생기다

치매가 오면 주방 살림에도 문제가 생깁니다. 음식을 하느라 가스 불을 켜두고 잊어버리는 건 너무 흔한 일이죠. 김치를 담근다든지 요리를 할 때 순서를 기억하지 못해서 요리부터 멈추는 분도 있습니다. 혹 어쩔 수 없이 요리를 해야 할 때면 재료들을 어떻게 다루어야 할지부터 난항을 겪습니다. 예를 들어 소고기뭇국을 끓일 때 무를 채 썰어서 넣는다든지, 꼭 넣어야 할 주요 재료를 넣지 않거나 양념의 양도 조절하지 못해서 먹을 수 없는 요리가 돼버리는 경우도 허다합니다. 그러다 보니 간장이나 설탕을 넣지 않은 콩장이 되기도 하는데, 간장이나 설탕이 들어가지 않은 콩장을 먹기는 당연히 쉽지 않겠죠.

주방 살림과 관련하여 이런 문제도 생깁니다. 냉장고를 열어 보면 김치를 담아놓은 똑같은 유리그릇이 네다섯 개씩 있는 경우가 있습니다. 이유는 김치 통에서 작은 유리그릇에 김치를 덜어놓았다는 사실을 잊어버리고 매번 식사할 때마다 김치를 꺼내서 덜어 놓았기 때문입니다. 비슷한 이유로, 상했거나 유통기한이 지난 음식들이 그대로 냉장고 안에 있기도 합니다. 여기서 치매가 좀 더 진행되면 설거지할 때도 설거지통에 담겨있는 그릇들을 수세미로 닦지도, 헹구지도 않고 그냥 건져서 식기 건조대에 올려놓지요. 인지기능이 떨어져서 그릇이나 수저에 음식물이 묻어 있어도 그것을 씻어야 한다는 인식을 할 수 없기 때문입니다. 이건 기억의 문제이기도 하지만, 사고능력(판단력)에 문제가 생겨 어떻게 씻어야 할지에 관한 판단이 서지 않기 때문이기도 합니다.

이처럼 치매가 점점 진행될수록 기억, 언어, 판단력에 문제가 생겨서 일상생활을 유지하기가 쉽지 않은데요. 그래서 치매 말기가 되면 입에 넣은 음식을 씹어서 삼키는 근력이 약해지기도 하지만 어떻게 씹어야 하는지를 몰라서 마냥 입 안에 음식을 넣고 계시는 분도 생깁니다.

"딸아, 엄마는 네가 안 보인다"

요양병원에서 누워서 생활하시는 어느 치매 어르신에게 딸이 찾아와 엄마를 불렀습니다. 그런데 "엄마, 큰딸 왔어요."라는 말에 어르신이 "딸아, 엄마는 네가 안 보인다."라고 하셨답니다. 왜일까요? 어르신은 누워서 눈을 감고 계셨는데, 눈을 어떻게 떠야 할지를 잊어버렸던 것입니다.

독일요양원에서
한국말을 하는 치매 환자들

제가 10여 년 전에 독일 선교사님으로부터 들은 이야기입니다. 50년 전쯤에 광부와 간호사가 필요하다며 독일이 우리나라에 파견을 요청했습니다. 그래서 많은 한국 사람이 돈을 벌기 위해 독일로 갔지요. 세월이 흘러 그들 중 많은 분들이 현재 요양원에서 생활하시는데, 치매가 오고 나서는 독일말을 하는 것이 아니라 한국말을 하신다고 해요. 그래서 그들을 돌보는 요양보호사들이 말이 통하지 않아 애를 먹는다고 합니다. 독일로 가서 수십 년 동안 독일말을 하며 살았지만 어려서부터 사용했던 한국말을 다시 한다는 사실은 치매 환자를 이해하는 데 많은 시사점을 던져줍니다.

현재 일어난 일을 장기기억으로 넘기는 능력에는 문제가 있지만, 이미 장기기억 속에 견고하게 자리 잡은 오래된 기억들은 여전히 잘 유지되고 있다는 사실입니다. 치매 환자들은 몇 분 전에 일어난 사건 등 최근에 마주한 일이나 사람일수록 빨리 잊어버립니다. 하지만 어린 시절부터 수없이 반복되어 장기기억 속에 견고하게 자리 잡은 기억들은 여전히 생생하게 기억되죠.

잔존기능의 역할

치매 환자에게 아직 남아 있는 기능들이 있는데 이것을 전문용어로 '잔존기능'이라고 합니다. 제한적이기는 하지만 치매 환자에게 남아 있는 잔존기능은 치매 환자나 그 가족들에게 희망을 줍니다. 이를테면 오래전에 하나님과의 관계 속에서 경험한 긍정적 기억들이 여전히 견고하게 보존되어 있고 그것을 다시 꺼낼 수도 있습니다. 따라서 이런 사실은 치매 환자와 그 가족에게 소망을 주는 '은혜의 섬'이라 할 수 있습니다.

자신이 치매임을 담화로 발표한
레이건 대통령

요즘은 치매에 대한 인식이 많이 바뀌어서 쉬쉬하며 치매를 감추려 하기보다는, 매년 고혈압 검사를 받듯이 치매 검사도 받자고 제안하는 이들이 많습니다.

그런 의미에서 일찍이 미국 레이건 대통령도 국민이 치매에 주의하도록 1994년에 자신이 치매 환자라고 담화를 발표했었지요. 레이건 대통령의 경우 이미 재임 기간부터 치매가 진행되었을 것으로 학자들은 추측합니다. 재임 시에도 특정 단어를 기억하지 못하는 중세를 보였기 때문입니다. 또 레이건의 자서전 집필을 맡은 작가가 대통령의 집무실이나 커피숍, 혹은 공원에서 그를 만나고는 했는데, 레이건은 때때로 작가를 알아보지 못했다고 합니다. 퇴임 후에는 TV에 백악관이 나와도 자신이 그곳에 살았었다는 사실을 기억하지 못했다고 하네요.

하지만 레이건 대통령의 일화를 보면 기억을 잃었다고 해서 모두 슬프기만 한 것은 아닙니다. 다시 말해 상황이 힘들고 절망적이라고 해서 마음까지 절망적인 것은 아니죠.

"수영장에 낙엽 좀 치워줄래요?"

레이건은 젊은 시절 사랑하는 아내를 도와주는 것을 큰 기쁨으로 여겼다고 합니다. 부인인 낸시 여사는 그때를 생각하며 레이건이 좋아했던 집 청소를 통해 행복했던 기억을 되살려주고 싶었습니다.

하루는 낸시가 레이건에게 말했습니다. "여보, 수영장에 낙엽이 가득 쌓였는데 어떻게 청소해야 할까요? 대신 치워줄 수 있나요?" 낸시가 말하자 레이건은 흔쾌히 치워주겠다며 정원으로 갔습니다. 그리고 즐겁게 바닥을 쓸며 낸시의 부탁을 들어주었습니다.

그렇게 깨끗하게 치워진 낙엽은 밤이 되면 낸시와 경호원에 의해 다시 바닥에 뿌려졌습니다. 그리고 다음 날이 되면 낸시가 레이건에게 똑같은 부탁을 하는 것이죠.

레이건의 경우처럼 우리는 치매 환자들이 좋은 추억을 상기할 수 있도록 말과 행동으로 부단히 자극을 줄 필요가 있습니다. 예를 들어 치매 환자가 사랑하는 가족들과 함께 찍은 사진을 옆에 두고 그 사진을 보며 긍정적 기억들을 강화해 주면 좋습니다. 그러면 '기쁨은 나누면 두 배가 된다'라는 말처럼 치매 환자만이 아니라 치매 환자를 돌보는 이도 덩달아 기뻐집니다. 뒷부분에서 다루겠지만 무엇보다 신앙생활을 하면서 가졌던 좋은 추억들을 반복해서 회상시켜 주면 좋겠습니다.

치매지만
하나님께
사랑받고 있습니다

02

소통이 어려워서
이런 일들이 있어요

상대방 이름이
떠오르질 않아서

앞서 언급했듯이 치매가 오면 기억, 언어, 판단력에 장애가 나타나 일상생활이 점점 힘들어집니다. 무언가를 떠올리려고 하는데 머릿속의 한 부분이 텅 빈 것 같이 아무것도 떠오르지 않으니 치매 환자 자신도 얼마나 답답하겠어요.

어느 치매 어르신이 친구에게 전화를 했답니다. 상대방이 "여보세요?" 하는데, 그 목소리를 듣는 순간 상대방의 이름뿐만 아니라 무슨 말을 어떻게 해야 할지 갑자기 막막했다고 해요. 그 순간 너무 당황스러워서 그냥 전화를 끊어버렸답니다.

당연히 장기기억에는 친구의 이름이나 친구와 관련된 정보들이 들어 있습니다. 하지만 그것들을 꺼내오려면 해마가 제대로 기능해야 하는데 손상을 입었으니 정보들을 꺼낼 수 없고, 그래서 하고 싶은 말이 생각나지 않는 것입니다.

비슷한 경우로, 여전도회원들이 모였을 때 모인 회원들의 이름이 떠오르지 않고, 설사 떠올랐다고 해도 떠오른 이름과 얼굴을 짝짓기가 쉽지 않습니다. 그래서 치매 환자들은 여러 사람과 어울릴 때 불안해합니다. 이렇게 헷갈리다 보니 누군가에게 말을 걸고 싶어도 망설이게 됩니다. 생각이 나지 않는다는 사실을 들키지 않기 위해 꾸며내는 데에도 한계가 있으니 대화 중에 점점 말이 없어질 수밖에 없죠.

"권사님, 난 괜찮아요. 좋아요"

주제를 가지고 대화하는 상황에서는 더 막막합니다. 상대방이 방금 말한 내용을 기억하는 것뿐 아니라 상대방의 말을 이해하고 종합해서 판단해야 하기 때문입니다. 판단 능력이 점점 떨어지기에 이어서 무슨 말을 해야 할지도 모르고 또 조리 있게 말을 할 수도 없습니다. 영화〈스틸 앨리스〉에는 치매를 앓는 언어학 교수인 앨리스가 형광펜으로 밑줄을 그어가면서 발표하는 장면이 나옵니다. 했던 말을 계속 반복하는 실수를 범하지 않기 위해 앨리스가 고안해 낸 방법이죠.

그래서 회의나 대화 중에 누군가가 "권사님도 한마디 하세요."

하고 치매 교인에게 권하면, 성격에 따라 맥락에 전혀 맞지 않는 이상한 말을 해버리기도 하지만 대부분은 "난 괜찮아요.", "좋아요.", "그렇지요." 하는 식으로 대충 넘어가려고 합니다. 때로는 구체적으로 답변해야 할 질문을 받았는데도 제대로 대답을 못하고 얼버무려서 상대방이 이상하다고 생각하기도 하죠.

진짜 괜찮은지 확인해봐야 한다

치매 교인이 교역자들과 전화 통화를 할 때도 "네, 잘 지내요. 괜찮습니다. 감사해요."라는 식으로 두리뭉실하게 말하면 상대방은 괜찮은 줄로 생각합니다. 특히 코로나 시기에는 교회 심방이 주로 문자나 전화 위주로 이루어졌는데 전화를 받는 어르신이 혼자 사신다면 치매로 인한 어려움이 있어도 알아차리기가 쉽지 않습니다. 앞서 목사님과 사모님이 심방을 오시자 "저 그 교회 다닌 적 없는데요."라고 하신 권사님도 마찬가지입니다. 전화 통화였다면 그지 "네, 잘 지냅니다. 괜찮습니다. 감사해요."라고 했을 수 있기 때문입니다.

"오늘 점심은 뭘 드셨나요?"

어느 남자 집사님은 퇴근하면 집으로 가기 전에 옆 동에 사시는 어머니에게 들른답니다. 어머니를 뵈면 "어머니, 오늘 점심은 뭘 드셨나요?" 하고 묻지요. 그런데 뭘 먹었는지 기억이 나지 않는 어머니가 사실대로 말하기보다는 "맛있게 먹었어요." 혹은 "잘 먹었지요."라는 식으로 대충 둘러대시는 겁니다.

앞서와 비슷한 경우이지만, 이 집사님의 경우 전화 통화가 아니라 대면해서 묻는 것이었기에 매번 똑같이 답하시는 어머니의 말과 표정이 이상하게 느껴졌습니다. 그래서 인터넷으로 검색해본 뒤, 어머니에게 치매 검사를 받으시도록 했고 결국 치매 판정을 받으셨다고 합니다.

저희 엄마도 그러십니다. "엄마, 우리 무슨 찬양을 할까요?"라고 물으면 늘 "딸이 정해요."라고 하십니다. 어떤 찬양이든 누군가가 첫 소절을 시작하면 끝까지 잘 부르실 수 있습니다. 하지만 본인이 찬양을 고르는 건 할 수 없으니 그걸 감추기 위해 늘 "딸이 정해요."라고 하십니다.

"나도 같은 거로"

어느 분은 이런 이야기도 하셨어요. 여럿이 식당에 갔는데, 치매 초기인 어르신이 옆 사람을 따라 "나도 같은 거로."라고 하셨답니다. 이분은 평상시에 똑 부러지게 자기표현을 하는 분이었는데, '비빔밥' 하면 비빔밥이 어떤 음식인지를 장기기억에서 끄집어내는 기능이 손상을 입었기 때문에 다양한 메뉴를 보고 어떻게 해야 할지 막막해진 것입니다. 그래서 그저 "나도 같은 거로."라고 하신 거죠. 식사를 마치고 카페에 갔는데 이때도 식사 때와 똑같이 "나도 같은 거로."라고 했답니다. 평소에 커피를 드시지 않는 분임에도 불구하고 앞사람을 따라 커피를 시켜서 이상했다고 하는데요. 바로 이런 것이 상대방이 치매임을 알아차릴 수 있는 단서가 됩니다.

질문을 받으면
'그냥 웃지요!'

치매 환자들은 「그냥 웃지요」라는 시 제목처럼 자신을 몹시 화나게 하는 상황이 아니라면 일반적으로 말 대신 미소로 반응을 보이는 경우가 많습니다. 때문에 교회에서 갑자기 말수가 줄어든 성도님이 있다면 눈여겨보아야 합니다.

어떤 사모님으로부터 교회 권사님의 이야기를 전해 들었습니다. Y 권사님이 치매인 것을 사모님은 알고 계셨다고 해요. 물론 평상시에도 조용한 분이라 다른 교인들은 잘 몰랐는데 사모님은 권사님의 말수가 점점 줄어드는 걸 눈치채셨다고 합니다. 그래도 몇 개월 전에는 간간이 말씀을 하시곤 했는데, 얼마 전 제직 세미나에 참석하시는 중에는 한 말씀도 하시지 않고 그저 한 번씩 미소만 지으셔서 마음이 무척 아팠다고 해요.

치매 환자의 말수가 점점 줄어드는 이유는 사람 이름이나 특정 단어가 잘 생각나지 않고, 또 방금 들은 것도 자꾸 잊어버리니 무슨 말을 어떻게 해야 할지 몰라서입니다.

또 다른 이유는, 그런 자신의 모습이 창피해서입니다. 요즘은 치매에 대해 방송도 많이 하고 친구들 모임에서도 치매를 주제로 이야기를 많이 합니다. 그래서 치매 환자 본인도 어렴풋이 자신이 치매라는 걸 아는 경우가 많습니다. 대화 중에 창피했던 경험이 반복되면 그 내용은 잊어버려도 창피했던 감정은 남아 있기에, 점점 일부러 모임에 빠지기도 하고 교회 가는 것을 꺼리는 분도 있습니다.

좀 더 적극적인 사람은 스스로 병원에 가서 치매 진단을 받기도 합니다. 하지만 그런 사실을 자녀들에게 알리지 않고 숨기는 경우가 많습니다. 그래서 자녀들은 부모가 이미 치매 진단을 받았다는 사실을 진단 후 5, 6년이 지나고 나서야 알게 되는데, 그때는 이미 치매가 많이 진행된 상태입니다. 자녀들 말에 의하면 그제야 비로소 부모님이 스스로 치매인 것을 알고 그동안 안간힘을 써온 흔적들이 보인다고 합니다. 이를테면 달력에 해야 할 일들을 빼곡히 적어놓는다든지, 자식들의 전화번호를 적은 메모지를 전화기 옆에 두었다든지 하는 식이죠.

저희 엄마는 언제부터인지 정확한 시점은 기억나지 않지만 요즘에도 바나나를 즐겨 드십니다. 그런데 얼마 전에 엄마의 수첩을 보니까 '바나나가 치매에 좋다'라고 쓰여 있더군요. 이것도 치매를 극복하고자 애쓴 엄마 나름의 노력이었지 않나 싶어요. 그러니 부모님을 비롯해 교회의 어르신과 주변분들에게 이상한 조짐이 있는지 초기에 발견될 수 있도록 관심을 기울이면 좋겠습니다.

치매 환자에게는
개방형 질문보다 양자택일형으로

이런 이유로 치매 환자에게 "○○에 대해 어떻게 생각하세요?" 혹은 "엄마, 오늘 저녁은 뭐 해드릴까요?" 하는 식의 개방형 질문은 좋지 않습니다. 환자분들은 기억력뿐만 아니라 언어나 사고능력도 함께 상실하기 때문입니다.

그런데 치매 환자가 대답할 수 없다는 것보다 더 큰 문제는, 개방형 질문에 대답하지 못하는 치매 환자가 스스로 수치심이나 창피함을 느끼게 된다는 것입니다. 따라서 개방형 질문 대신 양자택일할 수 있는 질문, 이를테면 "엄마, 사과 드릴까요? 아니면 딸기 드릴까요?"라거나 "예" 혹은 "아니요"로 대답할 수 있는 폐쇄형 질문을 드리는 게 좋습니다. 양자택일하기 어려운 상황이라면 "엄마가 정하실래요?" 아니면 "딸이 정할까요?" 하는 식의 질문도 좋은데, 그러면 당연히 "딸이 정해요."라고 하시겠지요.

"어르신, 저 705호에 사는 아무개 엄마예요"

이런 식으로 대처하는 것도 좋습니다. 같은 단지에 사는 치매 어르신을 엘리베이터 앞에서 만나 인사를 했습니다. 그분이 머뭇거리시면 "어르신! 저 모르시겠어요? 기억 안 나세요?"라고 묻기보다는 "어르신, 저 705호에 사는 아무개 엄마예요." 하고 얼른 자신을 소개하면서 안부 인사를 드리면 치매 환자가 무안하지 않을 겁니다.

열 명의 식구들 앞에 놓인
삼계탕 한 마리

치매와 관련하여 상황이 이렇다 보니 혼자 사는 사람일수록 치매를 조기에 발견하기가 쉽지 않습니다. 그러다가 어떤 큰 사건이 터져서 알게 되는 경우가 대부분입니다.

예를 들면 말복에 열 명 정도의 가족이 모였는데, 엄마가 닭을 한 마리만 사서 삼계탕을 끓여놓으셨다는 분이 있었습니다. 교회에 간 엄마가 돌아오지 않아서 전화를 걸어 보니 어떻게 지하철을 갈아타야 할지 몰라 계속 헤매고 있었다든지, 아니면 엄마에게서 전화가 왔는데 어떻게 집에 가야 할지 모르겠다고 하셔서 그 일을 계기로 가족과 치매 검사를 받으러 가고, 치매 판정을 받는 분도 있습니다.

지금까지 살펴본 사례들을 기억하면서 부모님이나 주변의 이웃, 그리고 교회에서 나이 든 어르신들을 좀 더 세심하게 살펴보면 좋겠습니다. 더불어 교회와 교인들이 치매에 대해 어느 정도 이해하고 있다면, 교회 공동체는 치매인지 아닌지를 알아차릴 수 있는 좋은 환경이 됩니다.

나아가 치매에 대해 바른 인식을 가질 수 있도록 교육이 필요합니다. 우리는 교우 중에 누군가가 치매 진단을 받으면, 더는 관계를 맺을 수 없는 이상한 사람처럼 취급하려는 경향이 있습니다. 하지만 치매 진단을 받은 교우는 말과 행동이 달라졌을 뿐 갑자기 다른 존재가 되어버린 건 아닙니다. 여전히 함께 살아갈 수 있습니다. 다시 말해 교회 공동체야말로 치매가 왔어도 여전히 사랑하고 사랑받으며 살아갈 수 있는 안전한 장소입니다.

우리가 좋은 부부가 되기 위해 부부교육을 받고 또 좋은 부모가 되기 위해 부모교육을 받는 것처럼, 좋은 교회 그리고 좋은 세상을 만들기 위해서는 누구나 치매에 대해 제대로 알 필요가 있다고 생각합니다. 이것이 이 책을 집필하게 된 동기이기도 합니다.

그러면 나 자신에게 치매가 왔을 때 너무 위축되지 않고 어떻게 대처해야 하는지를 알게 될 뿐만 아니라 내 주변에 있는 치매 환자들, 교회 식구들, 나아가 하나님의 형상으로 빚어진 모든 사람과 연결되어 서로 도우며 살아갈 수 있는 아름다운 세상이 될 거라고 확신합니다.

03

이런 이상행동들이
보여요

치매 초기에는 기억력 같은 인지기능 저하가 두드러지지만,
그와 더불어 점점 이상행동들이 나타납니다.
치매 환자가 보이는 이상행동은 워낙 다양하여서
이렇다 하는 표준이나 기준을 제시할 수는 없겠지만,
크게 망상, 배회, 공격성, 수집 행위, 그리고 착각 등으로
나눌 수 있습니다.

망상:
과거와 현재를 혼동해서 망상이 생긴다

　먼저 망상은 상식적으로 이해되지 않는 잘못된 믿음이나 생각을 가지는 것입니다. 도둑 망상의 예를 들면 돈이나 물건을 놓아둔 장소를 잊어버린 후, 가족 중 누군가를 지목해서 훔쳐 간 물건이나 돈을 내놓으라고 닦달합니다. 때로는 그 지목한 가족원을 향해 소리를 지르기도 하고 욕을 해대기도 하죠. 다시 말해 기억력 장애로 돈이나 물건을 둔 장소를 잊어버린 후에, 아무리 찾고 또 찾아도 안 나타나자 가족 중 누군가가 가져갔다고 결론을 내리고 그를 향해 내놓으라는 겁니다.

　망상은 과거와 현재, 그리고 미래가 마구 뒤섞인 채 자신만의 세계에서 살아가는 치매 환자 나름의 해결책이라 할 수 있을 겁니다. 물론 돈이나 물건을 둔 장소를 잊어버렸다고 해서 모든 치매 환자에게 도둑 망상이 생기는 것은 아닙니다. 물건을 놓아둔 장소를 잊어버렸을 때 보이는 행동은 치매 환자마다 얼마든지 다를 수 있습니다. 물론 이런 도둑 망상이 없는 사람도 많죠.

그럼 어떤 경우에 도둑 망상이 나타날 수 있을까요? 혹시 치매 환자가 과거에 사기를 당했던 경험이 있거나 가족 중 누군가와 풀어지지 않은 감정이 있다면 그 사람을 지목해서 내놓으라고 거칠게 달려들 수 있습니다. 때론 애먼 요양보호사나 자신을 돌봐주는 사람을 지목해서 상대를 당황스럽게 할 때도 있지요. 현재 자신을 돌보는 사람을 과거 자신에게 사기쳤던 사람으로 착각해 물건을 내놓으라고 떼를 쓰니까 말이에요.

치매 환자는 과거와 현재를 혼동하기 때문에 과거의 일을 현재로 가져와서 지금 일어나는 일로 착각하는 경우가 많습니다. 이런 도둑 망상의 경우, "저 안 가져갔어요. 엄마, 어떻게 저를 의심하실 수 있어요?"라고 하면 환자는 오히려 더 거칠게 나올 수 있습니다. 따라서 아무리 터무니없고 거친 말과 행동을 해도 그렇게 하는 데는 다 그럴만한 이유가 있다고 생각하며 이해하고 공감하며 대화를 이어갈 때, 비로소 이상행동들은 점점 순해지고 마침내 사라질 수 있습니다.

"엄마, 언제 아버지가 밥을 안 해주셨어요?"

또 다른 망상의 예를 보자면, 아침밥을 먹고도 먹었다는 사실을 잊어버려 또 밥을 달라고 재촉하는 치매 환자가 있었습니다. 이때도 아침밥을 달라는 자체는 문제가 되지 않습니다. 다만 딸에게 "너희 아버지가 밥을 안 해준다. 아들이 사 온 쌀이 독에 한가득 있는데도 말이야."라고 할 때, 엄마의 말보다 딸이 보이는 반응이 더 중요합니다.

어떻게 반응을 보여야 할까요? "엄마, 언제 아버지가 밥을 안 해주셨어요? 좀 전에 드셨잖아요."라며 엄마의 잘못된 생각이나 신념을 바로잡으려고 하는 건 치매 환자의 화만 더 키울 뿐입니다. 그럴 때도 "아, 그러셨어요? 그럼 지금 식사하실래요?" 하면서 식사를 차려드리거나 아니면 "그랬군요. 알겠습니다. 이 그릇만 정리하고 차려드릴게요. 그동안 귤 하나 드실래요?" 하면서 치매 환자의 주의를 다른 데로 돌리는 것도 좋습니다.

물론 치매 환자가 그렇게 말을 한 데는 다 그럴만한 이유가 있습니다. 치매 환자를 잘 아는 관계라면 치매 환자에게 정확한 이유를 듣지 못해도 미루어 짐작해볼 수 있겠죠. 예를 들어, 과거에 경제권을 남편이 다 가지는 바람에 남편에게 어렵게 생활비를 타서 쓴 것이 마음에 응어리로 남은 환자일 수 있습니다. 환자를 잘 아는 사이라면 응어리가 이런 식으로 드러난다는 것을 추측하고 대처할 수 있겠죠. 따라서 돌보는 이가 치매 환자의 살아온 삶의 역사를 잘 알고 있으면 치매 환자가 보이는 이상행동에 대처하기가 비교적 수월합니다.

도둑 망상 치유하기

이런 사례를 책에서 보았습니다. 이 여성은 의사인 A 씨의 집에서 가정부로 일하다가 A 씨의 부인이 죽자 A 씨와 함께 생활하며 그의 전처가 낳은 딸을 키웠습니다. 그 딸은 중학교에 입학할 때까지 그녀를 친엄마로 알았다고 합니다. A 씨가 나이 들어 병원을 그만두자 이 여성은 혼인신고를 요구했습니다. 하지만 A 씨는 거절하였고 그럼 재산분배라도 해달라는 여성의 요구에, '너 같은 가정부에게 줄 돈은 없다'라면서 냉담하게 거부했습니다. 이 일로 서로 언쟁이 끊이질 않았다고 합니다.

그런 와중에 이 여인에게 치매가 왔고 A 씨는 건강이 악화되었는데, 이 여인은 아버지의 병환으로 자주 찾아오는 딸을 보고 '도둑년!'이라고 욕하며 거세게 공격해대곤 했답니다. 이 여인이 도둑맞았다고 주장하는 것들은 지갑, 핸드백, 보청기 같은 것들이었습니다. 동시에, 누워있는 A 씨에게 "빨리 재산 나눠줘요!" 하며 집요하게 다그치기도 하였답니다. 그러던 중에 A 씨가 사망했는데, 장례식장에서 조문 온 사람들에게 "딸이 재산을 빼앗으려 한다." 혹은 "나를 함정에 빠뜨리려고 한다."라고 소리를 지르면서 잠도 전혀 자지 않을 정도였다고 합니다.

결국에는 의사의 개입으로 마무리되었는데, 의사가 귀 기울여 이분의 이야기를 들어주고 공감해주며 A 씨의 딸에게서 상당한 금액의 원조까지 받아내자, 그때부터 도둑 망상은 믿기 어려울 정도로 빨리 사라졌다고 합니다.

그동안은 치매를 주로 의학적 측면에서만 접근하다 보니 약물치료를 통해 이상행동을 조절하는 데에 초점이 맞추어졌습니다. 하지만 이상행동을 없애기 위해 모든 증상을 약물로만 다루려 하기보다, 치매 환자가 살아온 삶의 역사에 초점을 맞춰서 그들의 억눌린 욕구나 감정에 관심을 가지고 그것들을 풀어주면 약을 먹지 않고도 이상행동들은 점점 잦아들 수 있을 겁니다.

배회:
'집'에 가야 한다며 자꾸 집을 나가려 한다면

이번에는 배회 행동에 대해 살펴보려고 합니다. 치매 환자는 아무런 계획이나 목적 없이 이리저리 돌아다니다가 집을 찾지 못하고 실종되는 경우가 많습니다. 그래서 가족들이 가슴을 졸이게 되지요. 하지만 치매 환자의 정신세계 안에서는 배회 행동에도 나름의 목적이 있다고 봅니다.

한 가지 예를 들면, 치매 환자는 기억력 장애로 과거와 현재를 제대로 구분하지 못해서 집에 있으면서도 집으로 가야 한다고 생각하고 자꾸 나가려고 합니다. 현재 사는 집에 대한 기억보다 과거에 살았던 집에 대한 기억이 더 또렷하기에 현재의 집은 자신의 집이 아니라고 생각하는 겁니다.

혹은 갑자기 할 일이 떠올라서 어디를 가야겠다고 목적을 가지고 집을 나서기는 했는데, 집 밖으로 나온 순간 자신이 왜 나왔는지 이유를 잊어버려서 거리를 배회할 때도 많습니다.

이런 배회도 망상이라는 이상행동처럼 치매 환자가 살아온 삶의 역사와 밀접한 관련이 있지요. 이를테면 어느 치매 어르신이 늘 배회하는 곳은 자신의 큰언니가 5년간 있었던 요양병원 주변입니다. 자신에게는 엄마나 다름없었던 언니가 요양병원에서 오랫동안 고생하며 지냈는데 본인은 손자를 키워주느라 언니에게 가지 못했고, 그것이 미안했는지 자신도 모르게 매번 그 요양병원 주변을 배회하는 겁니다. 이 어르신의 경우는 그런 속내를 알아차리고 그 마음을 위로하고 알아주니까 괜찮아지셨습니다.

하지만 이유를 알 수도 없고 또 배회 행동을 막기 힘들 때는 치매 당사자와 함께 하루에 한 번 혹은 일주일에 몇 번씩 밖으로 나가 걷는 것도 좋습니다. 치매 환자가 가는 곳을 함께 가다 보면 그 이유를 알 수도 있고, 또 불안함이나 슬픔 같은 내면의 부정적 감정 에너지가 걸으면서 빠져나갈 수 있기 때문입니다. 나아가 이렇게 걷는 활동은 당연히 신체 건강에도 도움이 되겠죠.

공격성:
"내가 왜 기저귀를 차냐?"

　이상행동에는 공격성도 있습니다. 이것은 뜬금없이 나타난다기보다 앞서 조문 온 사람들에게 소리 지르고 욕을 했던 환자분의 사례처럼, 자신의 말을 상대방이 믿어주지 않거나 치매 환자의 욕구를 인정하지 않을 때 발생합니다. 치매가 점점 진행되면 전두엽도 손상을 입는데, 전두엽의 기능 중 하나가 바로 감정을 조절하는 것입니다. 치매 환자의 경우 전두엽이 손상되어 감정을 조절할 수 없게 되니까 결국 폭발해서 공격적인 말이나 행동을 할 수밖에 없는 것입니다.
　한편 공격적인 행동은 화 때문이기도 하지만 자기 자신에 대한 실망이나 좌절의 표시로 나타나기도 합니다. 즉 기억장애로 인해 매사에 다른 사람의 도움을 받아야 하다 보니 자존감에 상처를 입어서 공격성이 나오기도 합니다.

저의 경우 엄마가 너무 자주 소변 실수를 하셔서 기저귀를 차시라고 강력하게 말씀드린 적이 있는데, 엄마가 "내가 왜 기저귀를 차냐?"라며 완강하게 거부하셨습니다. 그래서 "엄마, 이렇게 나 힘들게 하면 요양원에 보낼 거야."라는 말이 저도 모르게 튀어나왔습니다. 그 말에 엄마는 "얘가 이제는 못하는 말이 없어." 하시면서 나가라고 소리를 지르셨죠.

그런 말과 행동에는 딸에 대한 화도 있지만 그렇게 자주 소변 실수를 하는 자기 자신에 대한 실망감과, 앞으로 자신이 얼마나 더 바보가 되어갈까에 대한 불안한 마음이 모두 들어 있었던 것 같습니다. 물론 딸에 대한 미안함도 함께요.

이럴 땐 돌보는 이가 먼저 치매 환자의 특성을 이해하고 잘 대해야 하겠지만 가족인지라 오히려 더 어려운 경우가 있습니다. 치매가 오기 전의 배우자 혹은 어머니, 아버지의 모습을 기억하기에 그때로 돌아오라고 치매 환자에게 말도 안 되는 요구를 하는 것입니다. 하지만 이런 태도는 결과적으로 치매 환자의 공격적 행동을 더 부추기게 되지요.

공격성을 잠재우는 따뜻함

이유야 어찌 됐든 치매 환자가 공격적인 행동을 보일 때는 작은 배려, 예를 들어 치매 환자의 마음을 알아주는 따뜻한 말 한마디나 표정, 혹은 안아주거나 손을 잡아주는 신체적 접촉이 거친 말과 행동을 잠잠하게 할 수 있다는 것도 기억했으면 좋겠습니다. 결국, 뇌 손상으로 인해 생기는 치매 증상들은 어쩔 수 없지만 그로 인해 생기는 좌절감이나 우울함 같은 감정은 얼마든지 변화시킬 수 있습니다.

수집 행위:
쌓아두지 않으면 불안감을 느낀다

　쓰레기나 물건을 쌓아두고 버리지 않는 행위, 혹은 뭔가를 수집하는 행위도 치매 환자들에게서 자주 볼 수 있는 이상행동의 하나입니다. 일종의 강박증으로, 사용 여부와 상관없이 어떤 물건이든 계속 저장하고 그렇게 하지 않으면 불안감과 불쾌한 감정을 느끼는 것을 '저장강박증'이라고 합니다. 이런 저장강박증으로 인한 수집 행위가 특별히 치매 환자들에게서 자주 나타나죠.

　이를테면 돌아다니면서 쓸 만하다고 생각되는 물건들을 집으로 가져오거나, 요구르트 용기 혹은 배달 음식이 담겼던 플라스틱 용기 등을 깨끗하게 씻어서 싱크대 선반 위에 수십 개씩 가지런히 놓아두는 겁니다.

　이렇게 하는 이유는 필요한 것과 필요하지 않은 것을 구분하는 판단력에 문제가 생기기 때문입니다. 물론 증상은 시간이 지날수록 더 악화하기에 빨리 조처해야 하는데, 치매 환자 당사자의 성격 특성을 고려한 나름의 지혜가 필요합니다.

뭔가를 저장해두려는 것은 마치 식량을 비축해두려는 것처럼 생존과 관련하여 본능적으로 일어나는 것이라고 설명하기도 합니다. 현재 여든이 넘은 치매 어르신들은 먹을 것과 관련하여 경제적 어려움을 많이 겪으셔서 그런지, 대체로 필요 없는 것들도 버리지 못하고 무조건 수집하고 저장하려는 경향이 강합니다.

착각:
"저 남자가 너를 뚫어지게 쳐다보는데 왜 그러는 거니?"

마지막으로 착각이라는 이상행동이 있습니다. 앞 장의 사례에서 딸을 며느리로 착각하는 치매 어르신이 계셨는데, 가장 흔히 볼 수 있는 착각 행동 중 하나는 TV에 나오는 인물을 실제 인물로 착각하는 것입니다.

지금은 돌아가셨지만 미혼의 딸과 함께 생활하셨던 어느 권사님은 TV를 볼 때면 종종 "저 남자가 너를 뚫어지게 쳐다보는데 왜 그러는 거니?"라고 물으셨답니다. TV 드라마 속 인물은 드라마 속 상대방을 뚫어지게 쳐다보는 것인데, 그것을 자기 딸을 쳐다보고 있다고 오해하셨으니 딸이 많이도 걱정되셨을 것 같습니다.

치매 환자를 돌보는 이들은 이런 이야기도 종종 합니다. 열심히 집 안 청소를 하고 있는데, 치매이신 엄마가 누군가와 대화를 하시는 거 같았답니다. 그래서 방문을 살짝 열어 보니 TV에서 아나운서가 출연자들에게 하는 말을 듣고 본인에게 하는 말로 착각해서 아나운서에게 대답하고 있으셨다고 하네요.

이상행동은
개인의 삶의 역사와 관련이 있다

치매 환자의 이상행동이 개인의 삶의 역사와 밀접한 관련이 있다는 것은 우리에게 시사하는 바가 매우 큽니다. 왜냐하면 치매가 점점 진행될수록 치매 환자를 돕기 위해 약물 처방 같은 일률적 처방이 아니라 환자 개개인에 따른 다른 접근방법이 필요하기 때문입니다. 치매 환자의 이상행동을 나무라면 나무랄수록 증상은 더욱 악화한다는 사실 역시 기억해야 합니다. 증상이 악화하거나 사라지기 위해서는 이해하려는 마음으로 환자들의 이야기를 잘 들어주고, 그렇게 행동할 수밖에 없는 마음의 응어리를 알아주어야 합니다.

어떤 감정이 풀어지기 위해서는 치매 환자가 아니어도 상대방의 말을 잘 듣고 그 마음을 알아주어야 합니다. 한 개인이 느끼는 감정은 그것이 어떤 감정이든지 그 사람 편에서는 진실이기 때문입니다. 따라서 치매 환자가 느끼는 주관적인 감정을 윤리나 도덕적인 잣대로 판단하고 평가하는 일은 더더욱 해서는 안 됩니다.

우리는 흔히 치매 환자들이 보이는 어떤 행동 한 가지, 이를테면 가족들에게 험한 말을 해대는 것이나 공격적인 행동 한 가지를 보고 "치매란 정말 고약한 거야. 사람이 어떻게 저리 변할 수 있대. 그것도 평생 예수 믿었다는 사람이. 쯧쯧, 다른 건 몰라도 치매만큼은 안 돼."라고 평가합니다.

하지만 속을 들여다보면, 치매 환자의 행동에는 다 그럴만한 이유가 있습니다. 다시 말해 치매 환자가 보이는 이상행동은 자신이 살아온 삶의 역사, 특별히 살아오면서 풀지 못하고 마음속에 억눌러둔 감정 응어리들과 관련이 있다고 볼 수 있습니다. 그런 연유로 치매 환자들이 보이는 이상행동들을 이해하려는 마음으로 바라보아야 합니다. 그들이 하는 말에 귀 기울이고 공감하면 억눌린 감정 응어리들이 풀어지면서 아무리 공격적이고 거친 행동일지라도 점점 잦아들고 조금씩 사라지는 걸 여러 번 보았습니다.

치매 환자가 보이는 이상행동들을 좀 더 구체적으로 이해하기 위해 〈엄마의 공책〉이라는 치매 관련 영화를 살펴보고 주인공이 보이는 이상행동들을 분석해 보려고 합니다. 이 영화에서 주인공이 보이는 이상행동들을 엮어 보면 주인공(엄마)의 마음속 깊이 자리 잡은 욕구와 응어리가 풀어지지 않아서 나타나는 행동이라는 걸 알 수 있습니다. 한마디로 말해, 우리가 가진 좌절된 욕구나 마음의 상처로 남은 감정 응어리들은 기억을 지워버리는 치매가 와도 비껴가지 않고 치매 환자와 그 가족을 힘들게 합니다.

치매자가진단과 예방 수칙[3]

치매자가진단(SMCQ) 문항

1. 자신의 기억력에 문제가 있다고 생각하십니까? ☐
2. 자신의 기억력이 10년 전보다 나빠졌다고 생각하십니까? ☐
3. 자신의 기억력이 같은 또래의 다른 사람들에 비해 나쁘다고 생각하십니까? ☐
4. 기억력 저하로 인해 일상생활에 불편을 느끼십니까? ☐
5. 최근에 일어난 일을 기억하는 것이 어렵습니까? ☐
6. 며칠 전에 나눈 대화 내용을 기억하기 어렵습니까? ☐
7. 며칠 전에 한 약속을 기억하기 어렵습니까? ☐
8. 친한 사람의 이름을 기억하기 어렵습니까? ☐
9. 물건 둔 곳을 기억하기 어렵습니까? ☐
10. 이전에 비해 물건을 자주 잃어버립니까? ☐

* SMCQ(주관적 기억감퇴 설문): Subjective Memory Complaints Questionnaire

11. 집 근처에서 길을 잃은 적이 있습니까? ☐

12. 가게에서 2~3가지 물건을 사려고 할 때 물건 이름을 기억하기 어렵습니까? ☐

13. 가스 불이나 전깃불 끄는 것을 기억하기 어렵습니까? ☐

14. 자주 사용하는 전화번호(자신 혹은 자녀의 집)를 기억하기 어렵습니까? ☐

✔ **Yes 개수 5개 이하: 현재 생활을 잘 유지하세요**

　운동과 외부 사회활동을 유지하고
　치매예방수칙 3.3.3을 잘 실천하여 치매 예방하기

✔ **Yes 개수 6개 이상: 더 정확한 검진을 받아보세요**

　치매체크앱으로 자가검진을 해보고
　주소지 관할 치매안심센터를 방문해서
　더 정확한 검진 받아보기

치매예방수칙: 3권(勸), 3금(禁), 3행(行)

3권(勸)

1. 일주일에 3번 이상 걷기: 20분의 고강도 운동을 주 3회 이상 또는 30분의 중강도 운동을 주 5회 이상 실시
2. 생선과 채소를 골고루 챙겨 먹기: 등 푸른 생선, 견과류, 블루베리, 시금치, 우유 등을 섭취하고 육류 등의 고지방 섭취 피하기
3. 읽고 쓰기 활동: 독서, 도서관 이용, 연극 관람 등과 같은 지적 활동

3금(禁)

1. 절주: 술은 한 번에 3잔보다 적게 마시기
2. 금연: 담배 피지 않기
3. 뇌 손상 예방: 머리를 다치지 않도록 조심하기

3행(行)

1. 건강검진: 혈압, 혈당, 콜레스테롤 3가지를 정기적으로 체크
2. 소통: 가족, 친구와 자주 연락하고 만나기
3. 치매조기발견: 매년 보건소에서 치매 조기검진 받기

＊ 자세한 내용과 기타 치매에 관련된 정보는
  중앙치매센터 홈페이지(https://www.nid.or.kr/main/main.aspx)에서
  확인할 수 있습니다.

교회에서 파악할 수 있는
치매 의심 증상들

교인들 중 다음과 같은 모습을 보이는 분이 있는지 살펴보세요.

1. 잘 알고 지내던 교인들의 이름과 얼굴을 연결시키지 못하거나, 이름은 알아도 집사님인지 전도사님인지 분별을 못하는 경우

2. 헌금하는 것을 잊어버려서 평상시에 늘 하던 십일조와 각종 헌금을 멈추거나 혹은 여러 번 내는 경우

3. 교회를 찾지 못해 예배 시간에 늦거나, 각종 모임 시간에 지각 또는 결석하는 경우 혹은 예배를 드리러 두세 번 오는 경우

4. 심방 약속을 했는데 약속 시각이나 날짜를 전혀 다르게 기억하고 있거나 하지 않은 약속을 했다고 생각하는 경우

5. 교회에서 물건을 구매할 때 값을 치르지 않고는 돈을 줬다고 우기거나 혹은 매번 똑같은 물건이나 잘못된 물건을 사는 경우

6. 이전과 달리 교회의 다른 성도를 향해 모함이나 비난을 하는 경우

7. 갑자기 말수가 줄어들고 의사소통에 문제가 생기는 경우

2부

치매 환자의 내면을 더 잘 이해하기 위해

- 치매 환자의 이상행동들 뒤에는 이것이 있어요
- 치매 환자와 '연결'되기 위한 키워드는?
- 치매를 이해하기 위해 필요한 몇 가지 지식들

01

치매 환자의
이상행동들 뒤에는
이것이 있어요

영화 <엄마의 공책> 들여다보기

이 영화는 30년 동안 반찬가게를 하며 아들과 딸을 키워온 엄마가 치매에 걸리면서 발생하는 일들을 묘사하고 있습니다. 늘 부지런하고 똑 부러지던 엄마였는데 어느 날부터인가 그 모습이 아니었지요. 이를테면 오랫동안 음식 재료를 배달해 준 사람에게 재룟값을 주지 않고는 줬다고 우겨댑니다. 어찌 됐든 치매가 아니었다면 자신이 실수했을 여지를 조금이라도 남겨두었을 겁니다. 하지만 주인공은 건망증이 아니라 치매여서 자신이 재룟값을 주지 않았다는 사실 자체가 기억에서 날아가 버렸습니다. 그래서 단호하게 자신은 정확한 사람이라며 이유를 말하고 또다시 반복해서 말합니다.

어느 날은 멀쩡히 살아 있는 아들이 죽었다고 말합니다. 그뿐만이 아닙니다. 시장에서 신발가게를 지나칠 때면 그냥 지나치지 못하고 가게 앞쪽 매대에 놓여있는 운동화를 무작정 집어 들고 나옵니다. 그래서 경찰서까지 가기도 했죠.

그러던 중 아들은 엄마의 옷장 안에 어린이 운동화가 한 무더기 쌓여 있음을 발견하는데, 아마도 신발가게에서 하나씩 가져온 것 같습니다. 아들은 예전에도 냉장고 안에서 엄마의 양산과 지갑을 발견한 적이 있는데, 그때 엄마의 문제를 알아차렸어야 했죠.

또 다른 날은 주인공이 아들에게 볼일이 있으니 춘천까지 운전해 달라고 부탁을 합니다. 하지만 막상 춘천에 가서는 왜 왔는지 이유를 잊어버려서 그냥 호숫가에 앉아 있다가 닭갈비만 먹고 왔습니다. 그다음에 아들 그리고 손자 손녀와 다시 춘천엘 갔습니다. 그곳에서 손자 손녀가 오리배를 타자고 했지만, 주인공이 타면 안 된다고 완강하게 주장해서 끝내 오리배를 타지 못했습니다.

이런 일도 있었죠. 물가에 서 있는 낯선 아이를 보고 "승현아, 얼른 나와 위험해."라고 외쳤는데, 그 아이가 나오지 않자 본인이 얼른 뛰어가서 그 아이를 안고 나왔습니다. 이상한 것은 주인공의 아들 이름은 '승현'이 아니라 '규현'이라는 것입니다.

마침내 주인공을 포함해 가족 모두 엄마가 치매임을 알게 되었지만, 일상은 그대로 흘러갑니다. 당연히 문제도 계속 발생하면서요. 이를테면 주인공은 날마다 넘치게 음식을 만드느라 정신이 없습니다. 한번은 손님이 '조선간장'을 사러 왔어요. 하필 포장해놓은 것이 없다며 주인공은 장독대에 가서 떠오겠다고 합니다. 그런데 막상 장독대에 간 주인공은 무엇을 어떻게 해야 할지 몰라 헤맵니다. 손님이 한참을 기다리다 더는 기다릴 수 없는 상황이 되었을 때, 주인공은 그제야 흘러넘치는 간장 바가지를 들고 넘어질 듯한 자세로 계단을 내려옵니다.

어느 날은 아들에게 칼국수를 끓여주며 혼자 중얼거립니다. "인생 동동거리며 참 바쁘게 살았네. 잊어버리고 싶은 건 안 잊히고 잊어버리면 안 되는 건 다 기억이 안 나니…. 죽을 때가 된 거지." 그러자 아들이 "뭐를 잊고 싶으신데요?" 하고 묻습니다. 그러자 주인공은 "어서 먹고 집에 들어가라. 피곤하다."라고 엉뚱한 대답을 합니다.

그렇게 시간이 흘러 주인공의 치매는 많이 진행되었고 결국 요양원으로 가게 되었습니다. 그곳에서 요양보호사가 주인공의 짐을 정리하며 말을 걸기 위해 "어르신, 아드님이 참 듬직하고 친절하네요."라고 하자, 대뜸 주인공은 "우리 아들 죽었어요."라고 합니다. 그래서 요양보호사가 다시 "여기 아드님이 계시는데 무슨 소리예요?"라고 하니까 "이 아저씨는 우리 아들 아니야."라고 하죠.

엄마의 마음속 풀리지 못한 응어리

- 이 영화 속 치매 환자인 주인공은 왜 몇 번씩이나 아들에게 춘천에 데려다 달라고 했을까요?
- 물가에서 잘 놀고 있는 낯선 아이에게 빨리 나오라고 재촉했듯이 주인공은 왜 물을 보면 겁을 먹는 걸까요?
- 도대체 승현이는 누굴까요?
- 손자들이 그토록 타고 싶어 하는 오리배를 왜 못 타게 한 걸까요?
- 시장에서 신발가게를 지날 때면 그냥 지나치지 못하고 꼭 들어가서 운동화를 들고 나오는 건 무슨 이유일까요?
- 주인공은 무엇을 잊고, 또 무엇을 잊고 싶지 않은 걸까요?
- 요양원에서 아들을 아저씨라고 한 이유가 뭘까요?

지금까지 살펴본 주인공의 이상행동들을 구슬 꿰듯 꿰어 보면 하나로 이어집니다. 아들 규현은 기억하지 못하지만 주인공 엄마에게는 큰아들이 있었습니다. 그 아들이 7살 때 춘천에서 세 명(엄마, 큰아들 승현, 둘째 아들 규현)이 오리배를 탔다가 그만 오리배가 기울어져 큰아들인 승현이 익사하는 사고가 벌어졌습니다. 오리배가 기울어지면서 배에 물이 찰 때 "엄마, 내가 무거워서 배가 기울어지나 봐."라고 했던 그 착한 첫째 아들을 엄마는 잊을 수가 없었습니다. 그래서 내 아이가 아니어도 물가에 있는 아이를 보면 물에 빠질까 봐 견딜 수 없었던 겁니다. 언젠가 손자 손녀가 그렇게 타고 싶어 했던 오리배도 타지 못하게 했던 거고요.

그제야 엄마는 말합니다. 우리 큰아들이 그렇게 신고 싶어 했던 운동화를 사주지 못한 게 끝내 마음에 걸린다고요. 그래서 신발가게를 지나게 되면 그냥 지나치지 못하고 운동화를 하나씩 들고 와 옷장 안에 쌓아두었고, 그런 운동화가 한 무더기나 되었던 겁니다.

결국, 살아오면서 풀지 못하고 마음속 응어리로 남아 있는 묵은 감정들이 치매 환자들이 보이는 이상행동의 원인으로 작용할 수 있음을 이 영화는 보여주고 있습니다.

영화에서 주인공의 이상행동은 '큰아들의 죽음'으로 생긴 슬픈 감정을 충분히 풀어내지 못하고 애도의 시간을 갖지 못해 생겨난 행동이라고 할 수 있습니다. 벌써 30~40년이 지났건만 풀어내지 못한 마음속 응어리들은 치매가 와도 비껴가지를 못하다니 정말 놀랍습니다.

이렇게 엄마에게 치매가 온 다음에야 비로소 엄마의 마음을 이해하게 된 아들은 엄마에게서 요리를 하나씩 배우며 그동안 닫아뒀던 엄마의 반찬가게를 다시 시작하고 영화는 해피엔딩으로 끝이 납니다.

마음속 감정 응어리들은
치매가 와도 비껴가지를 못하더라

억눌러둔 감정은 모든 기억을 앗아가는 치매가 와도 비껴갈 수 없습니다. 감정의 특성상 시간이 지난다고 해서 저절로 사라지거나 없어지지 않기 때문입니다. 오히려 감정은 에너지이기 때문에 표출하지 않으면 증기가 빠져나가지 못한 압력밥솥처럼 폭발할 뿐입니다.

이런 사례가 있습니다. 요양원에 계시는 어느 치매 어르신이 낮에는 괜찮은데 저녁이 되면 옆 침대에 누워계신 어르신을 사납게 끌어내린답니다. 이유를 여쭤보면 옆에 누워있는 어르신이 직장에서 자신의 남편을 꾄 여자라는 겁니다. 남편이 이따 돌아와서 보면 얼마나 좋아하겠냐며, 자신은 절대 그 꼴을 볼 수 없다고 완고하게 말씀하십니다.

이때도 어르신에게 여기는 요양원이고 남편분은 오래전에 돌아가셨는데 어떻게 여길 오시냐고 설명하는 건 소용이 없습니다. 마음속 응어리는 설명이나 설득이 아니라 이해와 공감을 받아야 풀어지게 됩니다. 이렇듯 풀어내지 못하고 마음속에 억눌러둔 감정은 치매가 와도 지워지지 않고, 자신만이 아니라 주위에 있는 사람들까지 힘들게 합니다.

시댁에 맡겼던 아이가 돌아오면 주려고

이런 이야기도 들었어요. 요양원에서 생활하시는 어르신인데 간식으로 받는 건 무엇이든 이불장 이불 속에 감춰두신답니다. 빵이나 과자는 물론이고 음료수나 아이스크림도 이불 속에 몰래 넣어두어서 요양원 직원들을 힘들게 할 때가 종종 있다고 해요.

이럴 때도 왜 아이스크림이나 고구마를 이불장에 넣으셨냐고 야단치는 건 소용이 없죠. 원인을 살펴보니 이 어르신은 첫 번째 결혼에서 낳은 아이를 시댁에 맡기고 재혼하셨다고 합니다. 그 일이 지금까지 마음속 응어리로 남아 있는 것이었습니다. 그래서 현재와 과거를 혼동하는 어르신이 그때 시댁에 맡겼던 아들이 돌아오면 주겠다고 이렇게 간식을 모아두시는 거지요. 이것 역시 야단치기보다는 문제 행동 뒤에 숨겨진 이유를 살펴서 그 마음을 알아주는 것이 우선시 되어야 합니다. 마음속 감정 응어리를 풀지 않으면 어떤 방식으로든 분출하게 됩니다.

"우리 며느리가 최고"

다음의 사례는 요양원이나 요양병원에서 흔히 볼 수 있습니다. 아들 내외가 치매 환자를 뵈러 왔습니다. 며느리는 이것저것 간식 거리와 시어머니가 좋아하시는 밑반찬까지 만들어 왔지요. 그걸 보고 시어머니는 같은 병실의 사람들에게 "우리 며느리가 최고!"라며 한껏 칭찬하며 가져온 간식들을 나누어주셨어요. 그렇게 서로에게 고마워하며 그동안 어떻게 지냈는지 소소한 이야기들을 나누었습니다. 그러고 나서 시어머니는 "차도 밀리고 주말인데 빨리 가서 너희들도 쉬거라." 하며 배려의 말까지 해주셨지요.

하지만 아들 내외가 간 후에 일이 벌어지고 말았습니다. 이 어르신이 갑자기 요양병원 직원의 팔을 잡아당겨서 마구 때리고 욕설까지 퍼부은 겁니다. 왜일까요? 아들 내외가 다녀간 후에 며느리에 대한 마음속 응어리가 떠올랐기 때문입니다.

좀 더 구체적으로 말하면, 어르신도 아들 내외가 맛있는 간식거리와 밑반찬을 만들어서 찾아와주니 물론 기분도 좋고 고마웠지요. 하지만 아들 내외가 돌아가고 나니 예전에 며느리에게 받은 상처와 그동안 참고 참으며 마음속에 꾹꾹 눌러 두었던 응어리가 떠올랐습니다. 그래서 어르신이 며느리와 어딘가 닮은 요양병원 직원을 며느리로 착각해 그녀의 팔을 잡아당겨 마구 때리고 욕설까지 퍼부은 것입니다.

치매로 인해 자녀들이 왔다 갔다는 사실도 잊어버리고 또 현재와 과거를 제대로 구분하지도 못하지만, 예전에 며느리에게서 받은 감정의 응어리는 잊히지 않고 생생하게 기억되고 있습니다.

나에게 치매가 온다면 어떤 이상행동을 보일까?

요즘 치매를 예방하기 위해 여러 가지 예방법들이 제시되고 있습니다. 그런데 그것들도 중요하지만 저는 무엇보다도 지금까지 살아오면서 마음속에 쌓아둔 응어리들을 풀어내는 것이 우선 되어야 한다고 생각합니다.

마음속에 응어리가 있으면 오뉴월에도 서리가 내린다

'여자가 한을 품으면 오뉴월에도 서리가 내린다'는 말이 있죠. 오뉴월, 즉 5월과 6월은 초여름으로 이때 서리가 내린다는 것은 말도 되지 않습니다. 그럼에도 불구하고 이 속담에 '서리'가 등장하는 것은 서리가 농작물에 주는 피해가 어마어마하게 큰 것처럼 여자의 '한'으로 표현된 마음속 응어리가 무섭다는 것을 표현하기 위함입니다. 그래서 모든 기억을 지우는 치매가 와도 이런 마음속 응어리들은 잊히지 않습니다. 앞서 예를 든 사례들만 봐도 충분히 이해가 될 겁니다. 나아가 그런 마음속 응어리들은 이상행동들로 폭발하는 경우가 다반사입니다.

감정은 눈에 보이지는 않지만 힘이 있는 에너지로서 마음속 응어리들이 단단할수록 이상행동은 더욱 거칠고 공격적으로 나타날 수 있습니다. 그래서 평상시에 감정을 표현하며 풀어내야 합니다.

감정을 풀어내는 방법

감정은 어떤 자극에 대한 반응으로 나타나는 것인지라 관계 속에서 우리는 매일 사건이나 경험을 통해 다양한 감정들을 느끼게 됩니다. 그리고 특성상 그 감정은 표현하거나 표출하면 사라집니다. 따라서 우리가 몸에 때가 끼면 때를 밀듯이 그렇게 감정을 풀어내는 것은 자연스러운 일이죠.

일상에서 감정을 풀어내는 방법은 흔히 두 가지로 나눌 수 있습니다. 하나는 감정을 '표현'하는 것으로 '지금 내 마음은 이렇습니다'라고 말로 표현하는 것입니다. 또 한 가지는 '표출'로서 감정에너지를 빼내주는 것입니다. 이를테면 운동을 하거나 소리 내어 찬양을 하는 것도 방법이겠지요. 이런 식으로 자신의 감정을 표현하거나 표출하며 살아간다면 설령 치매가 온다 할지라도 흔히 말하는 '예쁜 치매' 환자로 살아갈 수 있을 겁니다.

　이 책을 읽고 있는 여러분은 혹 자신에게 치매가 온다면 어떤 이상행동을 보일 것 같으세요? 그것이 바로 나 자신의 마음속 응어리라고 할 수 있을 겁니다.

치매지만
하나님께
사랑받고 있습니다

02

치매 환자와
'연결'되기 위한
키워드는?

치매가 와도
감정기억은 생생하다

어머니를 요양원에 모셨다.
치매 어르신들 속에서
조용히 앉아 나를 보는 어머니가
눈물 너머로 흐릿하게 보였다
돌아가려고 하자
아무것도 알 리 없는 어머니가
내 손을 꽉 잡았다.
내가 놀아가면
내가 나간 무거운 문 앞에 딱 들러붙어
언제까지나 그 문을 바라본다고 한다.

_ 후지카와 신노스케, 「어머니」[2]

치매가 와도 '감정기억은 생생하다'라고 하는 말의 의미는 이것입니다. 기억이나 사고력, 그리고 언어능력이 떨어짐에 따라 어떤 일을 경험하고 나서 그것을 뇌에 기록할 수는 없지만, 그에 대한 감정반응은 보일 수 있다는 것입니다.

다시 말해 자신의 마음과 생각을 제대로 표현하지 못하고 또 상대방의 말을 잘 알아듣지도 못하지만, 치매 환자도 얼마든지 감정을 느낄 수 있고 감정기억은 남아 있습니다.

이를테면 손자가 왔다 간 후에 손자가 왔었다는 사실은 잊어버려도 손자가 왔을 때의 기분 좋은 감정은 오래 남습니다. 나아가 요양원 같은 곳에서 돌보는 이들이 자신의 얼굴에 묻은 음식을 닦아줄 때 그것이 업무상 하는 기계적인 행위인지, 아니면 상대방을 위하는 마음으로 하는지도 알아채고 느낄 수 있습니다.

치매 환자에게
절대적으로 필요한 '공감'

그래서 진정한 공감이 필요합니다. 특히 치매 환자에게 공감한다는 것은 치매 환자가 하는 말에 맞장구를 쳐주는 것에서 한 걸음 더 나아가 치매 환자가 상대방으로부터 충분히 이해받고 있다고 느끼도록 해주는 것입니다. 치매 환자가 매사에 이런 식으로 공감을 받으면 앞 장에서 다루었던 것처럼 이상행동도 점점 줄어들고 사라질 수 있습니다.

"여기가 우리 집이에요"

예를 들어볼게요. 한 치매 어르신이 있습니다. 이분은 현재 자기 집에서 생활하심에도 불구하고 하루에도 몇 번씩 자기를 집에 데려다 달라고 하십니다. 그럴 때 대부분의 사람은 어떤 반응을 보일까요? 아마도 치매 환자의 잘못된 생각을 고쳐주려고 애를 써서 설득할 겁니다.

이를테면 "어르신, 여기가 어르신이 줄곧 살아온 집입니다. 이 자개장롱을 보세요. 어르신이 시집올 때 해오신 거잖아요. 이 결혼사진에 있는 예쁜 새색시가 바로 어르신이잖아요."라며 여기가 어르신의 집이 맞다고 계속 반복합니다. 하지만 치매 어르신은 그 말에 아랑곳하지 않고 자기를 집에 데려다 달라고 계속해서 떼를 씁니다.

이런 상황에서 아주 지혜롭게 대처한 분이 있습니다. "그렇군요. 어르신의 집이 여기가 아니라고요. 어떻게 하나? 제가 어르신의 집을 잘 모르는데…. 그럼 지금 저랑 함께 가실래요? 어르신이 안내하시는 대로 제가 휠체어를 밀고 가겠습니다."라고 하자, 어르신의 떼쓰던 태도가 금세 누그러졌답니다. 그리고 현관문을 열고 나오자 어르신은 "여기가 우리 집이에요. 이 감나무 좀 보세요. 감이 정말로 많이 열렸지요?"라며 나오자마자 이제 그만 안으로 들어가자고 했답니다.

이렇게 치매 환자에게 공감한다는 건 치매 환자 자신이 충분히 이해받는다고 느끼게 해주는 것입니다. 결국 우리가 치매 환자와 단절되지 않고 함께 연결되어 살아가기 위해서는 '공감'이 절대적으로 필요합니다.

치매 환자라고 해서
아무것도 모르는 게 아니다

간혹 우리는 치매 환자를 앞에 두고 이런 말을 합니다. "어머님 돌보느라 따님은 힘든데, 어머님 자신은 아무것도 모르니까 행복하시겠어요."라고 말입니다. 하지만 치매 환자라고 해서 아무것도 모르지 않습니다. 비록 인지기능이 떨어져서 기억을 못하고 상대방이 하는 말을 이해하지도, 의사 표현을 제대로 할 수도 없지만 치매 환자도 지금 자신의 감정 상태가 어떤지, 또 상대방이 자신을 어떻게 대하는지 다 알고 느낍니다.

1985년 남북 이산가족 상봉 당시 이런 일도 있었다고 하죠. 북에서 아들이 찾아와 어머니를 만났는데 어머니가 치매였습니다. 아들이 "어머니" 하고 부르며 울부짖는데, 어머니는 아들을 알아보지 못하고 그림같이 가만히 앉아계셨답니다. 그런데 어느 순간 어머니의 눈에서 눈물이 주르르 흘러내렸다고 해요. 모든 기억이 사라져 가도 마음속 어딘가에 아들에 대한 그리움이 남아 있었고 그것이 건드려졌기 때문이겠죠.[4)]

저의 경우 엄마가 어느 날 그날따라 소변 관리가 잘 안 되는 겁니다. 한두 시간 사이에 네다섯 번이나 젖은 바지를 갈아입으러 방으로 들어가셨지요. 제가 얼른 따라 들어가서 "엄마, 또 오줌이 나와버렸어요?" 하는데, 엄마가 그만 막 울어버리는 겁니다. 한동안 서럽게 우셨지요. 몇 분 전의 일도 까맣게 잊어버리지만 감정기억은 남아 있기에 소변 관리가 자신의 통제 범위를 넘어섰다는 사실이 너무 속상하고 또 딸에게 미안하셨던 거 같아요.

치매 환자의 마음 상태

이렇게 자신의 마음을 울음으로 표현해서 알게 되기도 하지만, 함께 생활하다 보면 돌보는 이는 지금 치매 환자의 마음 상태가 어떤지 그 얼굴만 봐도 쉽게 알아차릴 수 있습니다. 치매 환자의 몇 가지 특성 때문입니다.

우선 치매 환자는 표정에서 그대로 드러납니다. 치매가 아닌 사람의 경우, 표정에서 드러나는 감정을 미소나 웃음으로 상대방이 알아채지 못하게 위장할 수 있습니다. 하지만 치매 환자는 그렇지 못합니다. 희로애락의 감정이 그대로 얼굴에 드러납니다. 이를테면 기분에 따라 눈꼬리나 입꼬리가 올라가기도 하고 내려가기도 하죠. 물론 자신의 감정뿐만 아니라 상대방의 감정이 어떤 상태인지도 상대의 말하는 어투나 표정으로 알아챌 수 있습니다. 치매 중기에서 후기로 갈수록 감정을 인식하는 능력도 떨어지긴 하지만요.

예를 들어 기저귀를 갈아주는 사람이 자신의 딸이라는 사실을 모르는 치매 어머니가 "아파요. 살살 좀 해주세요."라고 했답니다. 사실 딸은 엄마에게 화가 났다기보다는 치매에 걸린 엄마에 대해 느끼는 속상한 마음이 그런 식으로 기저귀를 가는 행동에 묻어난 건데, 그런 마음을 어머니에게 들켰다고 생각하니 깜짝 놀라기도 했고 또 몹시 미안한 마음이 들었다고 합니다.

치매 환자에게
긍정적인 감정이 쌓여가도록

치매 환자도 얼마든지 감정을 느낄 수 있고 그 감정기억이 여전히 살아 있다는 말은 부정적 감정, 즉 치매 환자에게 상처를 주는 말을 하지 않도록 조심해야 한다는 의미이기도 합니다.

이런 사례가 있어요. 남편의 생일날 어느 치매 어르신이 남편을 위해 요리를 했답니다. 남편이 좋아하는 돼지고기볶음을 했는데 고추장과 함께 간장을 너무 많이 넣었어요. 요리를 도저히 먹을 수 없었던 남편이 아내가 치매라는 사실을 알면서도 순간 "이걸 요리라고 했냐?"라며 버럭 소리를 질렀습니다. 그때 그 어르신이 얼마나 놀랐던지 아내의 표정을 본 남편은 그제야 아차 싶었답니다. 하지만 남편의 말이 이미 아내에게 크게 상처를 준 뒤였죠. 그래서인지 치매인 아내는 이후로 요리를 하지 않았다고 하네요.

이처럼 치매 환자는 상대방이 소리 지르며 했던 말의 내용은 기억을 못해도, 그 당시 상대방으로부터 느낀 무안함이나 서러움 같은 감정은 잊지 않고 고스란히 기억한다는 걸 알 수 있습니다. 또한 감정기억은 오래 남기 때문에 치매 환자에게 상처를 주지 않도록 조심함과 동시에 긍정적 감정이 쌓여가도록 애쓸 필요가 있습니다. 승용차로 드라이브를 하며 바람 쐬고 맛있는 음식도 먹었다면 어디로 가서 어떤 음식을 먹었는지는 잊어버릴 수 있지만 가족과 함께 드라이브하면서 느낀 기분 좋은 감정은 남기 때문입니다.

노래하고 춤추고

평상시 휠체어에 의존해 생활하시는 어느 치매 어르신은 주간보호센터에 다녀오신 후 오늘은 노래하며 춤까지 추었다고 좋아하셨습니다. 휠체어를 타신 분이 춤을 추셨다니, 이게 어떻게 된 일일까요? 그 시간이 너무 즐거워서 마치 자신이 춤을 추었다고 착각하신 겁니다. 이렇게 기분 좋은 감정이 치매 환자에게 미치는 영향은 큽니다. 그러니 치매 환자가 기분 좋게 느낄 수 있도록 어르신의 몸만 돌보는 것이 아니라 어르신이 느끼는 감정에도 특별히 신경을 쓴다면, 실제로 몸을 움직이며 즐겁게 지내는 것만큼이나 효과가 있다는 것을 기억해야겠습니다.

돌보는 이가
알아야 할 '감정기억'

　모습이 어떻든지 간에 모든 인간은 하나님의 형상이기에 우리는 서로를 정성껏 대해야 합니다. 그런데 어떤 사람들은 치매 환자를 대할 때 이 사람은 아무것도 모를 거라며 투명인간처럼 취급합니다. 때때로 돌보는 사람들조차 치매 어르신들을 유치한 어린애 취급합니다. 거기다가 치매 환자의 '감정기억'에 대한 이해가 없다면 치매 환자들을 돌보면서 어떤 일들이 벌어질지 상상만 해도 끔찍합니다.

　간혹 요양원을 '가면 안 될 곳'으로 생각하는 어르신들이 있는데, 그곳에서 어떤 잘못된 일이 벌어진다기보다는 치매 어르신들을 유치한 어린애처럼 취급하거나 아니면 이들의 감정을 무시해버리기 때문이라는 걸 꼭 기억해야겠습니다.

예를 들어 이럴 때가 있죠. 치매 환자가 화장실을 가는 중에 오줌이 나와서 옷을 벗어야 할 때도 "어르신, 그러니까 좀 전에 이 닦고 오줌 한 번 누자고 했잖아요?"라고 하거나 "어르신, 제가 아까 기저귀를 차시라고 했잖아요."라고 하는 건 소용도 없지만, 치매 환자를 배려하는 행동은 더더욱 아닙니다. 그런 말을 듣고 치매 환자는 수치심을 느낄 뿐입니다. 그래서 다음에는 오줌이 나오려고 하는데도 안 누겠다는 반항적 행동이 더 심해질 수 있습니다. 아니면 오줌을 싼 속옷을 침대 밑에 감춘다든지 새 옷이 있는 서랍장 깊숙이 넣어버릴 겁니다.

그럼 이럴 때는 어떻게 해야 할까요? 그걸 본 순간 얼른 어르신을 방으로 모시고 가서 부드러운 말투로 "어르신, 바지가 젖었네요." 하며 있는 그대로 받아들이고 얼른 속옷을 가져다드리면 치매 환자의 표정은 이내 편안해질 겁니다.

결국, 우리가 치매 환자와 분리된 채 '도움을 받는 사람'과 '도움을 주는 사람'으로만 이분법적으로 나누지 않고 서로 연결되어 마음을 나누며 살기 위해서는 치매 환자를 무조건 존중하고 배려하는 마음이 필요합니다.

이 세상 모든 이들이 듣고 싶어 하는 말,
'사랑해요', '고마워요'

　이렇게 치매 환자를 전적으로 존중하고 배려할 때 비로소 정서적 교류가 오가는 따뜻한 '상황 대화'도 가능해집니다. 치매 어머니를 목욕해드리는데 딸을 알아보지 못하는 엄마가 그러셨다고 해요. "나를 이렇게 씻겨주시니 정말 고마워서 눈물이 나네요."라고요. 그래서 따님은 "아, 그러세요. 어르신, 저도 감사 인사를 받으니 기분이 좋아요."라고 했답니다.

　이 목욕 장면을 보면 어르신이 딸을 알아보지는 못하지만 얼마든지 상황 대화가 가능하다는 것을 알 수 있습니다. 치매 환자가 가족을 알아보지는 못해도 현재를 누리며 살아갈 수 있는 것이죠. 물론 딸을 못 알아보는 엄마를 생각하면 안타깝지만, 그렇다고 계속 "엄마, 나 딸이에요. 엄마 딸이라고요." 하면서 엄마에게 자기를 알아달라고 요구하면 서로의 마음만 아플 뿐입니다.

감정, 감정기억, 상황 대화와 관련하여 한 가지 덧붙일 게 있는데 바로 치매 환자도 매일 사랑받고 사랑하면서 살고 싶어 한다는 것입니다. 치매 환자도 사랑받고 싶어 합니다. 이 말은 자신의 존재 그 자체로 인정받기를 원한다는 겁니다.

이를테면 종일 집에만 계시지만 목욕 뒤에 몸에 로션을 발라드리거나 손발톱을 깎고 정리해드린다든지, 아니면 머리를 감고 말린 다음에 헤어롤을 말아드리면 그런 작은 행동들을 통해 자신이 사랑받고 있음을 느끼고 좋아합니다.

같은 맥락에서 "엄마, 사랑해요.", "고맙습니다."라는 말은 수없이 해도 그만하라고 하지 않으시죠. 엄마도 "나도 딸 사랑해요."라고 하십니다. 더불어 안아드리는 일도 최소한 밥 먹고 간식 먹는 횟수만큼이나 꼭 필요한 돌봄이라 생각합니다.

또한 치매 환자라고 해서 사랑을 받으려고만 하지는 않습니다. 치매 환자도 사랑을 표현하고 싶어 하고 또 의미 있는 존재이길 원합니다. 그러니까 치매가 왔다고 해서 사랑하고픈 마음마저 잃어버린 건 아닙니다.

빨래를 기다리는 엄마

저의 경우 '어떻게 해드려야 엄마가 자신도 가족을 돕는 의미 있는 존재라고 생각할 수 있을까?' 하고 고민했는데, 빨래했을 때 빨래를 너는 일은 엄마가 하실 수 있겠더라고요. 그래서 언제부터인가 빨래를 널기 위해 옷을 옷걸이에 끼우는 일은 엄마가 하시도록 했습니다. 그러자 세탁기를 돌릴 때마다 엄마는 빨래가 끝나길 기다리며 세탁기가 돌아가는 소리에 귀 기울이고 계십니다. 다 끝났는지 여러 번 확인까지 하시면서요.

흔히 가족 중 누군가에게 치매가 오면 절망에 빠져 낙담하게 됩니다. 하지만 그럴 때 어떻게 대처해가느냐에 따라 가족이 예전에는 느껴보지 못했던 또 다른 기쁨을 맛볼 수도 있습니다.

저희는 아버지가 어머니의 많은 부분을 챙겨주시는데, 물론 아버지는 힘드시겠지만 그런 모습을 보면서 엄마, 동생, 저 모두 마음이 흐뭇해집니다. 이렇게 서로 돕고 위하니까 가족이 더욱 끈끈해지고 더불어 서로에게 감사하는 마음도 갖게 되지요.

치매지만
하나님께
사랑받고 있습니다

03

치매를
이해하기 위해 필요한
몇 가지 지식들

치매와 알츠하이머병은 같은 말일까?

치매는 정상적인 노화 현상이 아닌 여러 가지 후천적 이유로 뇌세포가 손상을 입어서 생기게 됩니다. 흔히 '치매'라는 단어의 뜻을 '병'이라고 생각하는데, 사실 치매 자체는 '병'이 아니고 '증상'을 말합니다. 그러니까 여러 가지 원인에 의해 뇌세포가 손상을 입어서 기억력이나 언어능력이 떨어지고 논리적으로 사고한다든지 상황에 맞게 대처하지 못하는 증상들이 나타나는 것이 치매입니다.

그 결과 일상생활이나 사회생활을 하는 데 지장이 생기게 되죠. 특별히 치매 초기에는 기억을 관장하는 '해마'가 제일 먼저 손상을 입어서 위축되니까 무엇보다도 기억장애 즉 잊어버리는 현상이 두드러집니다.

감기 같은 증상도 독감이나 폐렴이 그 원인이 되는 질환일 수 있듯이, 치매의 가장 일반적인 원인이 되는 질환으로는 퇴행성 뇌 질환인 알츠하이머병을 들 수 있습니다. 다시 말해 우리가 흔히 알고 있는 것처럼 '치매=알츠하이머병'이 아니라 퇴행성 뇌 질환인 알츠하이머병으로부터 치매가 생긴다고 할 수 있습니다.

알츠하이머 환자의 뇌에서는 특정 단백질(베타아밀로이드)이 많이 발견됩니다. 결국, 이 단백질이 뇌에 쌓이면 뇌세포에 손상을 일으켜 세포와 세포 사이의 정보 전달을 방해하고 결국 기억이나 뇌의 사고 기능에 문제가 생기는 것이라 할 수 있습니다.

한 번 죽은 뇌세포는 되돌릴 수 없으므로 많은 사람이 치매를 두려워합니다. 하지만 누구나 암과 같은 질병에 걸릴 수 있듯이 아무리 조심해도 누구든지 치매에 걸릴 수 있습니다. 현대의학의 발달로 평균수명이 늘어난 결과, 뇌 기능의 퇴화와 더불어 여러 가지 이유로 뇌세포는 손상을 입을 수 있기 때문입니다.

정리하면 치매는 여러 가지 뇌의 질환들로부터 생기는 증상들의 모음이라고 할 수 있습니다. 거기다가 각종 질환이 생기는 원인은 너무 다양해서 특정한 이유로 단정 지을 수 없습니다. 치매 환자를 '죄나 벌'의 부정적 관점에서 보는 건 더욱 잘못된 시각이겠지요.

알츠하이머성 치매와 뇌혈관성 치매

전체 치매의 50~70% 정도를 차지하는 알츠하이머성 치매(알츠하이머병이 원인이 되는)와 더불어 치매를 유발하는 대표적 혈관 질환으로 뇌혈관성 치매를 들 수 있습니다. 뇌혈관성 치매는 뇌혈관이 막히거나(뇌경색), 찢어져서(뇌출혈) 뇌 일부에 손상이 일어나 치매에 이르는 질환입니다. 뇌혈관성 치매의 경우, 뇌혈관의 어느 부위에 문제가 생겼느냐에 따라 운동기능에 문제가 생길 수도 있고 아니면 인지기능에 문제가 생길 수도 있습니다.

때문에 뇌혈관성 치매는 반드시 기억장애가 동반된다고는 할 수 없습니다. 발병 원인을 알 수 없는 알츠하이머성 치매와 달리 뇌혈관성 치매는 뇌경색이나 뇌출혈이 일어나지 않도록 하면 어느 정도 예방이 가능하다고 합니다. 또한 뇌경색이나 뇌출혈의 재발을 예방하는 것도 이미 시작된 치매의 진행을 늦추는 한 가지 방법이 될 수 있습니다.

건망증과 치매, 그리고 경도인지장애

건망증과 치매의 차이는 이렇게 설명할 수 있습니다. 치매이신 어머니가 수요예배에 갔다가 딸에게 전달해달라는 봉투를 하나 받았는데 집에 오면 당연히 기억이 나지 않겠지요. 하루가 지나서 딸이 물었을 때 "아 참! 깜박했네. 미안하다. 교회 가방 안에 있는데…."라고 하면 건망증입니다. 하지만 그 말을 듣고 "나 안 받았다. 내가 뭘 받았다고 그래?" 하며 확인해 보려고도 하지 않고 무조건 화를 낸다면 그건 치매입니다.

이처럼 건망증과 치매는 아주 다르죠. 그러니까 우리의 기억 과정은 부호화(외부에서 들어오는 정보를 부호화)-저장-인출(저장된 것들을 꺼내는 것)의 세 단계를 거치는데, 건망증은 장기기억 속에 저장해둔 것을 찾는 과정에서 잠시 문제가 생긴 것이지 저장해둔 기억이 사라져버린 것은 아닙니다. 하지만 치매는 부호화 과정부터 문제가 생겨 저장할 수도 없으니 인출할 것도 없겠죠.

치매라는 문 앞에서 문고리를 잡고 서 있다

건망증이나 치매와 더불어 '경도인지장애'라는 것이 있습니다. 흔히 경도인지장애를 '치매라는 문 앞에서 문고리를 잡고 서 있는 사람'이라고 표현하는데, 정상적인 노화와 치매의 중간 정도 단계에 해당한다고 볼 수 있습니다. 경도인지장애는 단순한 기억장애인 건망증과는 차이가 있어서 또래의 사람들과 비교해 보면 기억력이 현저하게 떨어집니다. 하지만 경도인지장애일지라도 아직은 일상생활을 하는 데는 별 문제가 없어서 그냥 지나치기 쉬운데, 이 시기에 아무런 조처를 하지 않으면 치매로 이어지는 속도가 아주 빨라질 수 있습니다.

기억의 종류와
기능에 따라 분류한 뇌

　기억에는 단기기억과 장기기억이 있습니다. 단기(작업)기억은 몇 초만 유지되는 기억으로 이를테면 전화 통화 중에 상대방이 말해 준 내용을 메모하기 위해 잠깐 기억하는 것이죠. 한편 장기기억은 몇 초보다 긴 시간 동안 유지되는 기억입니다. 치매 환자에게 기억장애가 생기는 이유는 치매가 단기기억을 장기기억으로 넘기는 과정을 어렵게 하기 때문입니다.

　치매, 특히 알츠하이머성 치매의 경우 기억 과정을 담당하는 해마가 가장 먼저 손상을 입습니다. 그래서 무언가를 배우거나 경험할 때 그것을 장기기억 속에 집어넣고 필요할 때 꺼내 쓰기가 쉽지 않은 겁니다. 결국 일상생활에 장애가 생길 수밖에 없고 치매 환자에게는 오로지 지금, 현재만 존재하게 되는 것입니다.

뇌를 기능에 따라 분류하면

뇌는 인간의 사고와 감정, 그리고 행동을 관장하는데, 그 기능에 따라 뇌간, 변연계, 그리고 대뇌피질이라는 세 가지로 분류할 수 있습니다. '중심핵'이라고 불리는 뇌간의 기능을 한마디로 말하면 '생명 유지'입니다. 이를테면 숨 쉬는 것, 배고프면 먹고, 더우면 땀 흘리고, 추우면 몸을 떠는 것은 뇌간에서 관장하는 일이라고 할 수 있습니다. '파충류의 뇌'라고도 불리는데, 그 이유는 파충류 이상의 동물들은 모두 뇌간을 가지고 있기 때문입니다. 뇌간의 기능이 손상되었을 때 우리는 '식물인간', '뇌사상태'라는 표현을 씁니다.

변연계는 감정의 중추로서 우리가 살아가면서 속상한 마음을 표현한다든지 다른 사람들의 기분을 읽어내고 공감하는 것 등의 업무를 담당합니다. 특별히 변연계 옆에는 해마가 있습니다.

뇌의 가장 상위 기능에 속하는 대뇌피질은 우리가 생각하고 판단하고 또 감정을 조절할 수 있게 해줍니다. 특별히 전두엽은 대뇌피질의 다른 영역으로부터 받은 정보들을 바탕으로 현재 상황을 판단하고 부적절한 행동을 억제하는 등 전반적으로 인간의 행동을 관리하는 역할을 합니다. 그런데 치매가 중후반으로 진전되면 전두엽까지 손상을 입게 되니 일상생활이 어려워지는 건 당연하겠죠.

치매의 진행단계
_어터몰렌의 자화상

일반적으로 치매는 드러나는 증상들도 다르고 진행되는 속도도 천차만별입니다. 하지만 치매가 진행되는 순서는 일정하다고 볼 수 있습니다. 초기에서 바로 말기로 가기보다는 초기, 중기, 말기의 순서로 가게 되지요. 물론 치매 환자가 보이는 불규칙한 모습들을 보고 두부를 자르듯 초기, 중기, 말기로 나눌 수는 없겠지만 그래도 대강의 특징들을 열거하면 다음과 같습니다.

치매 초기: 이때는 단지 외부 정보를 뇌에 기록하는 것에 문제가 생기는 단계이기 때문에 치매라고 생각하기보다는 나이 탓으로 돌릴 때가 많습니다. 그 이유는 '이상행동'도 아직 없고 나타나는 증상들도 주로 기억과 관련된 것들이어서 건망증과 혼동되기 때문입니다.

예를 들면 아들딸에게 같은 내용의 전화를 네다섯 번씩 한다든지, 베란다에 가기는 했는데 베란다에 가는 동안 왜 갔는지를 잊어버려서 여러 번 가게 됩니다. 물론 같은 물건을 계속 사기도 하고 물건을 사고 계산을 제대로 하지 못하는 사람도 있습니다.

치매 중기: 치매가 점점 진행되어 중기에 이르면 기억, 언어, 판단능력의 장애가 더욱 두드러지고 더불어 여러 가지 이상행동들이 나타납니다. 날짜나 시간만 착각하는 것이 아니라 익숙한 거리에서도 건물을 찾지 못해 헤매는 일이 다반사이고요. 뿐만 아니라 필요한 것을 구분하지 못해서 식구들의 핸드폰이나 안경처럼 중요한 것들을 버리기도 합니다. 밤낮을 구분하지 못해 밤에 일어나 밥을 달라고 할 때도 있고요. 세수나 양치, 목욕을 하지 않으려고 해서 돌보는 이와 매번 실랑이합니다. 옷을 입을 때도 조끼를 먼저 입고 그 위에 티셔츠를 입기도 하죠. 거기다가 소변 실수나 대변 실수가 잦기 때문에 돌보는 이들이 뒤처리를 감당하기가 힘이 듭니다.

치매 말기: 그러다 말기에 이르면 가족은 물론 거울에 비친 자기 자신도 낯설어합니다. 근감소증으로 인해 몸을 움직이거나 걷는 것도 거의 할 수가 없습니다. 그래서 주로 누워서 생활하게 되는데 이때는 음식물도 딱딱하고 거친 것들을 싫어합니다. 거기에다 입

에 들어온 음식물을 어떻게 씹어야 할지 모르는 상태에 이를 수도 있습니다.

치매가 초기, 중기, 말기에 이르는 진행 속도는 사람마다 다르지만 중요한 것은 발병 처음에 어떻게 도와주고 대처하느냐에 따라 전체적인 진행 속도를 어느 정도 늦출 수 있다는 것입니다. 치매는 보통 4~5년 진행되지만 10년 이상 가는 사람도 있습니다.

어터몰렌의 자화상 그리기

치매 환자인 자신의 변해가는 모습을 그림으로 표현한 화가가 있습니다. 윌리엄 어터몰렌(William Utermohln)이라는 화가는 61세에 알츠하이머성 치매 진단을 받은 후 5년간 자화상을 그리기 시작했다고 합니다. 시간이 지나면서 변화되어가는 그의 그림은 다음과 같습니다.[5]

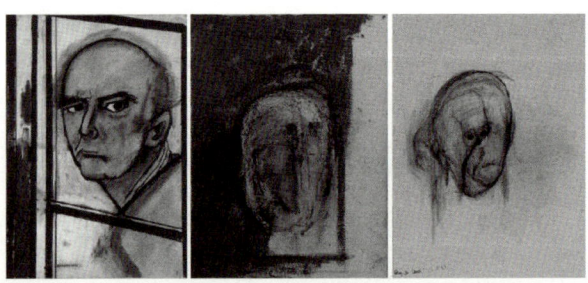

윌리엄 어터몰렌의 자화상. 왼쪽부터 1996년, 1999년, 2000년 작품. (사진 출처 Chris Boicos Fine Arts)

그는 자신의 그림을 보고 "분명 어딘가 이상하지만 바로잡을 수는 없다."라고 말했다고 합니다. 자신의 작품에 무슨 일이 일어나는지 보여주고 싶었다고 말입니다.

지금 이 책을 읽고 있는 독자 여러분은 그림을 보니 어떠신가요? 점점 사실적 표현을 벗어나 추상화 형태를 띠고 있습니다. 또 선이나 색감의 변화는 물론 눈, 코, 입의 배치도 이상해져 가고 표정도 사라져 가는 걸 알 수 있습니다. 어터몰렌의 치매 검사와 뇌 영상 결과를 보면 그는 64세 때부터 치매 증상이 악화하는데, 64세 때 그린 그의 자화상은 이전에 그린 것들과 확연히 구분됩니다.

무감동증상
_온종일 소파에 그림같이 앉아 있다

'무감동증상'은 알츠하이머성 치매 환자에게서 가장 흔하게 나타나는 초기증상 중 하나입니다. 무감동증상을 보이는 치매 환자는 일상적인 활동이나 대인 관계에 전혀 관심이 없는 듯합니다. 이들의 표정을 보면 화가 나거나 기쁜 내색이 없이 그야말로 무표정입니다.

이를테면 무감동증상을 보이는 치매 환자들은 온종일 그림처럼 소파에 앉아 있습니다. 식사를 차려드리면 드시고 또 그 자리에 가서 앉아계시지요. 물론 TV도 보려고 하지 않습니다. 심심하지 않으냐고 물으면 심심하지 않다고 하시고, 무엇을 생각하느냐고 물으면 아무 생각도 하지 않는다고 하십니다. 따라서 돌보는 이의 처지에서 보면 편할 수도 있지만, 할 수 있는 한 다가가서 어떤 활동이든 하실 수 있도록 유도하는 게 좋습니다. 그렇지 않으면 뇌 활동이 너무 없어서 치매의 진행 속도가 더욱 빨라질 수 있습니다.

  앞서 언급했던 치매 환자의 잔존기능이란 '없어지지 않고 남아 있는 기능'을 말하는데, 이 잔존기능을 잘 활용했으면 좋겠습니다. 방금 들은 걸 기억해서 말하는 건 쉽지 않습니다. 하지만 어린 시절부터 기억의 반복을 통해 우리의 장기기억에 들어가 있는 내용들은 어느 정도, 이를테면 치매 중기 정도까지는 충분히 유지됩니다.

  따라서 치매를 앓는 분이 어린 시절 혹은 젊어서 신앙생활을 했다면 그때 익힌 성경 구절이나 찬송가 가사, 혹은 멜로디는 그대로 유지됩니다. 치매가 왔다고 해서 아무것도 할 수 없는 건 아니라는 뜻입니다. 그동안 수없이 불러왔던 찬송가를 부르며 하루를 보낼 수도 있고, 찬송가를 부르다 보면 예전 일이 기억나서 그런지 특별히 감동이 될 때는 눈을 감고 감회에 젖기도 합니다.

치매 리스크란?
_때를 놓쳐선 안 된다

요즘 '자녀 리스크', '가족 리스크'라는 말들을 합니다. '자녀 리스크'란 자녀를 양육하고 교육함으로써 갖는 경제적 부담의 위험을 말합니다.

여기서 '리스크'(risk)는 그야말로 갑자기 생기는 위험한 상태를 뜻하는 위험(danger)과는 조금 다릅니다. 리스크는 개인이 선택했기에 그 결과까지 책임지는 위험을 뜻합니다. 다시 말해 '자녀 리스크'란 자녀를 교육하고 결혼시키는 데 비용이 많이 들어서 노후자금이 부족해질 위험이 있다는 의미입니다. 그건 본인이 선택한 것이기에 본인이 책임을 져야 한다는 거죠.

치매에 대해서도 마찬가지입니다. 배우자나 부모님이 뭔가 이상하다고 느꼈던 그 순간을 놓치지 않아야 치매로 인해 생길 수 있는 큰 위험을 줄일 수 있습니다. 그 순간을 놓치면 돌보는 이에게 주어지는 부담과 책임이 커지는 것이죠.

예를 들면 엄마가 갑자기 딸에게 전화해서 "여기 아빠 산소인데, 어떻게 집에 가야 할지 모르겠다."라고 했을 때 그것이 바로 '리스크'의 순간이니 그때를 놓치지 않아야 합니다. 치매 환자에게서 나타나는 어떤 낯선 행동 즉 욕실 청소를 하는데 락스를 한 통 다 붓고 청소를 하는 경우처럼 어딘가 행동이 이상하다고 느꼈던 바로 그때를 놓치지 않아야 합니다. 그것이 치매 리스크를 줄이는 방법이며 그때를 놓치면 상황이 더욱 악화하여 돌보는 이가 책임져야 할 부분이 더 커지게 되죠.

저희 엄마의 경우, 식당에서 화장실에 다녀오겠다고 하신 분이 아무리 기다려도 오시질 않았습니다. 제가 식당 밖으로 나갔더니 엄마가 식당을 바로 앞에 두고 계속 두리번거리셨습니다. 어떤 분은 자신의 엄마가 갑자기 간을 맞추지 못해서 반찬 맛이 전에 만들어주셨던 맛이 전혀 아니었다고 했습니다. 이런 결정적인 순간을 놓치면 치매가 많이 진행된 후에야 병원을 찾게 되어 돌이켜 봤을 때 많이 후회하고 절망하게 됩니다.

치매와 정서 지능

지능 중에 '정서 지능'이라는 것이 있는데, 이것은 한마디로 현재 자신의 마음이 어떤지를 알고 그 마음을 표현할 수 있는 능력이라고 할 수 있습니다. 정서 지능이 높은 사람은 치매가 오기 전부터 자신의 감정을 잘 알고 그것을 표현했기 때문에 언제든 자신의 마음을 표현하며 주변에 있는 사람들과 자연스럽게 마음을 나누고 살아갈 확률이 높다고 할 수 있습니다. 치매가 와서 현재 자신이 집에 있는지 아니면 요양원에 있는지를 구분할 수 없게 되더라도 말입니다.

예를 들어 정서 지능이 높은 치매 환자는 요양원이나 요양병원에서 생활할 때 주변 사람들과 인사도 잘하고 무언가를 드리면 미소 지으며 '고맙다'는 표현도 잘하십니다. 그것만이 아니라 같은 방에 있는 사람들과 이야기도 더 잘하고 누군가가 불편해하면 가서 챙겨주는 일도 하시죠. 또 주간보호센터에서 그룹 활동을 할 때 자신의 현재 마음 상태가 어떤지 다른 사람들보다 훨씬 더 적극적으로 표현합니다.

따라서 평상시에 나 자신의 감정을 알아차리고 표현하면서 살아간다면, 치매가 와도 자신이 어느 곳에 있든 주변 사람들과 좀 더 풍성한 관계를 맺으며 살아갈 수 있을 것입니다.

치매 교인에게는
이렇게 대해 주세요

1. "제가 누구예요, 집사님?" 하는 식의 기억력을 테스트하는 질문은 치매 교인을 당황하게 합니다. "안녕하세요, 집사님. 저 OOO 권사예요. 이렇게 뵈니까 너무 반가워요." 하고 편안하게 인사를 건네주세요.

2. 치매 교인이 한 말에 되받아 질문하기보다는 "그렇구나.", "그랬군요." 라고 공감해 주세요. '~구나' 혹은 '~겠다'라는 표현은 상대방에게 이해받고 받아들여졌다는 느낌을 줍니다.

3. 대화 중에 치매 교인이 뭔가를 언급하려고 하는데 머뭇거리면 얼른 알아차려서 언급해 주면 좋습니다. "~에 대해 어떻게 생각하세요?"라는 개방형 질문보다는 양자택일 혹은 "예"나 "아니오"로 답할 수 있도록 질문해 주세요. 함께 식당 같은 곳에 간다면 "뭐 드시겠어요?" 보다는 "이 중에서 뭐 드시겠어요?"라고 하면 편안해하실 겁니다.

4. 치매 교인 앞에서 '치매'라는 단어를 사용하지 않도록 조심해 주세요. 치매라는 단어를 꼭 써야 할 경우에는 '인지증'이라고 표현해도 좋습니다. 교회 공동체에서도 치매 교인을 놓고 하는 이야기가 치매 교인의 귀에 들리지 않도록 주의해 주세요.

5. 치매 판정을 받지는 않았지만 예전과 달라진 모습들, 이를테면 기억력이 현격하게 떨어지거나, 예배시간에 늦거나, 계절이나 상황에 맞지 않는 옷차림을 했거나, 어떤 한 가지에 너무 고집을 부린다거나 하는 예전과 다른 모습을 보이는 분이 있다면 그 앞에서 옳고 그름을 가리려고 하기보다 그 성도의 가족에게 귀띔을 해주는 것이 좋습니다.

6. 치매가 의심스럽다면 교회식구들이 안부 전화도 자주 드리고 집도 방문하여 어떻게 생활하고 계시는지 관심을 갖고 들여다보면 좋습니다. 가령 집안이 너무 정리가 되어 있지 않다거나 냉장고에 오래된 야채나 과일이 들어 있는 경우도 있기 때문입니다.

7. 예배 중에 성경책이나 찬송가를 찾지 못하시는 것 같으면 슬쩍 "잘 안 보이시죠. 제가 찾아 드릴까요?"라고 하면서 찾아 주세요.

8. 교회 내에서 치매 교인을 만나면 반가움과 사랑의 마음을 비언어적으로 표현하는 것도 좋습니다. 안아드리거나 손을 꼭 잡아 드리면서 "집사님, 사랑해요.", "오늘도 이렇게 뵈어서 기뻐요." 혹은 "그때 감사했어요." 하고 표현하는 것도 좋습니다.

3부

치매 교인과 함께하는
은혜의 여정

- 치매가 와도 여전히 소중한 '하나님의 형상'입니다
- 하나님은 절대로 치매 환자를 잊지 않으십니다
- 치매 환자에게 남겨진 '은혜의 섬'

01

치매가 와도 여전히 소중한 '하나님의 형상'입니다

하나님과 하는 숨바꼭질 놀이

'숨바꼭질 하나님'이라는 이야기를 들었습니다. 사람들이 술래가 되어 꼭꼭 숨어계신 하나님을 찾는 이야기입니다.

어느 날 하나님의 형상인 하와는 하나님과 숨바꼭질하는 놀이의 즐거움을 잊고 뱀의 유혹을 받아 뱀과 함께 놀게 됩니다. 그때부터 이상한 일들이 벌어지는데, 전쟁과 기근, 그리고 각종 질병이 끊이질 않고 세상에는 평화가 달아나버렸습니다. 원래 하나님이 이 세상과 우리 인간을 만드신 이유 중 하나는 함께 숨바꼭질 놀이하며 사랑의 관계를 맺고 싶으셨기 때문이었습니다. 하지만 뱀의 유혹을 받아 아담과 하와가 에덴동산 중앙에 있는 선과 악을 알게 하는 나무의 열매를 따 먹은 이후, 이 땅에는 죄가 들어오고 말았습니다. 결국 인간이 하나님께 불순종해서 미움과 분노, 싸움과 전쟁, 그리고 치매를 포함한 각종 질병이 만연한 세상이 되고 말았지요.

이런 세상에서 살아가다 보면 누군가는 굶주림에 허덕이거나 원인 모를 질병에 걸리기도 하고 무모한 전쟁의 희생자가 되기도 합니다. 하나님은 오늘도 전 세계인이 먹을 수 있는 충분한 양의 음식을 준비해놓으셨지만, 누군가의 탐욕 때문에 지금 이 순간에도 먹을 것이 없어 굶주림에 허덕이는 이들이 수없이 많습니다. 이런 어려움만이 아니라 보이지 않는 전쟁과 각종 치료되지 않는 질병들로 이 세상에 평화는 찾아볼 수 없고 혼란스러운 나날이 계속되고 있죠.

하나님과 우리 사이에는
아직 '하나님의 형상'이 남아 있다

하지만 창세기 1장 26절에서 하나님이 "우리의 형상을 따라서 우리의 모양대로 우리가 사람을 만들자"라고 말씀하신 것처럼, 하나님과 우리 사이에는 아직 '하나님의 형상'이 남아 있고 그래서 우리 인간에게는 절대적인 존엄성이 있습니다.

그렇다면 지금 이 책을 읽고 있는 분들은 자신 안에 하나님의 형상이 깃들어 있다는 사실이 믿어지십니까? 우리는 이렇게 어마어마한 사실 즉 나에게 하나님의 형상이 깃들어 있다는 사실을 믿지도 누리지도 못할 때가 많습니다. 물론 나 자신에게만 그런 것이 아니죠. 다른 사람을 하나님의 형상으로 보는 건 더 어렵고 잘 되지 않습니다. 그러니 중증 장애인들이나 치매 환자들을 대할 때는 어떨까요? 그들 안에 하나님의 형상이 깃들어 있다는 사실을 의식하기는커녕 자신도 모르게 '죄' 혹은 '하나님의 벌'이라는 관점에서 바라보고 있지는 않은가요?

이 땅에 죄가 들어온 이후 치매를 포함하여 원인 모를 각종 질병이 생겨나긴 했지만, 그렇다고 해서 우리 인간 안에 깃들어 있는 하나님의 형상까지 파괴된 것은 아닙니다. 더욱이 창세기 9장 6절을 보면 "다른 사람의 피를 흘리면 그 사람의 피도 흘릴 것이니 이는 하나님이 자기 형상대로 사람을 지으셨음이니라"라고 나와 있습니다.

이 말씀이 의미하는 것은 무엇일까요? 우리 안에는 하나님의 형상이 깃들어 있기에 우리가 사람의 겉모습을 보고 그 사람을 존중하지 않으면, 그건 하나님을 존중하지 않는 것이나 마찬가지입니다. 따라서 치매로 인해 때론 바보 같고 남에게 베풀 것이 하나도 없는 가치 없는 존재처럼 보일지라도, 치매 환자는 여전히 하나님의 형상이 깃든 하나님의 작품입니다.

하나님이 나의 아버지임을
기억하세요

　사실 우리는 자신도 모르게 치매 환자의 존엄성을 훼손할 때가 많습니다. 저도 처음에는 엄마를 돌보면서 '몸은 살아 있으나 정신은 죽은 사람'처럼 취급하기도 했고 친구들을 만나 이야기할 때도 그런 식으로 표현했던 적이 여러 번 있었어요. 치매가 오면 논리적으로 생각하거나 다른 사람들을 배려하는 행동을 하지는 못하지만, 감정은 살아 있어서 정서적으로 반응할 수 있고 그래서 얼마든지 정서적 교류를 할 수 있는데도 말입니다.

　이 말은 어떤 사람을 그 사람답게 해주는 것은 어쩌면 '인지능력'이라기보다 '감정을 느끼는 능력'이라는 뜻인데, 저 역시 엄마의 존엄성에 큰 상처를 주었습니다.

　우리는 관계 속에서 치매 환자를 투명인간처럼 취급할 때가 많습니다. 환자가 옆에 있는데도 잘 이해하지 못하리라 단정 짓고 전화 통화 중에 치매 환자와 관련된 유쾌하지 않은 이야기를 할 때도 있습니다. 이것도 엄밀히 말하면 치매 환자의 존엄성을 훼손하는 행위입니다. 혹은 치매 환자가 자다가 문밖에서 무슨 소리가 들린다고 하거나 창문에 누가 서 있다고 할 때, "있기는 누가 있어요?" 혹은 "무슨 소리가 난다고 그래요? 아무 소리도 안 나는데 얼른 주무세요."라고 대충 말할 때가 있지요. 이런 경우도 "엄마, 바람이 많이 불어서 나무가 흔들리는 소리예요." 혹은 "창문에 사람이 있는 게 아니고 커튼이 움직인 거예요."라는 식으로 정성껏 설명해 주는 것이 치매 환자를 존중하는 태도입니다.

'행위'만큼이나 '존재' 자체의 힘이 크다

헨리 나우웬은 『아담』이라는 책에서 프랑스 라르슈 공동체에서 만난 중증 지적장애인 아담 아네트를 가리켜 '자신을 이끌어주었던 스승'이라고 표현했습니다. 그는 "아담은 연약함 가운데 싸여 있었지만, 그것은 나 자신을 변화시키기에 충분했다. 나는 내가 한 일들과 얼마나 더 많이 생산해 낼 수 있을지에 대해 염려하는 동안, 아담은 내게 '행위보다는 존재가 더 중요합니다'라고 선포하고 있었다."[6]라고 말합니다. 그렇습니다. 무언가를 생산해 내는 '행위'만큼이나 '존재' 자체의 힘이 큰데, 그 이유는 존재 자체로 얼마든지 상대방의 마음을 움직일 수 있고 또 상대방에게 깨달음도 줄 수 있기 때문입니다.

하지만 우리 사회는 겉으로 드러난 모습들, 즉 그 사람의 능력이나 소유물 혹은 성취한 것들을 통해 그 사람의 가치를 판단합니다. 그러다 보니 존재 그 자체를 귀하게 여기기가 쉽지 않습니다. 하물며 치매 환자는 어떨까요. 물론 치매 환자가 우리를 가르칠 수는 없습니다. 하지만 나우웬이 아담의 눈을 통해 많은 것을 깨닫고 아담을 자신의 스승이라 표현했듯이, 치매 환자도 우리, 즉 돌보는 이와 가족 그리고 치매 환자를 잘 아는 이들에게 얼마든지 스승의 역할을 할 수 있습니다.

'감사'라는 이정표

저도 그랬습니다. 엄마를 통해 비로소 나에게만이 아니라 내 주변에 있는 연약한 지체들에도 하나님의 형상이 깃들어 있음을 뼈저리게 느꼈습니다. 늦었지만 이제야 하나님의 형상이라는 시선으로 그들을 바라봅니다. 또 방금 일어난 일도 기억하지 못하는 치매 엄마를 보면서 기억하면서 살 수 있다는 사실이 너무 신기하고 놀랍습니다. 무엇보다도 이 세상을 창조하신 하나님이 나의 아버지가 되셔서 오늘도 나의 연약함을 도우신다는 사실을 기억할 수 있음이 얼마나 큰 은혜인지요!

　엄마를 통해 배운 또 한 가지는 나의 삶이 여전히 상실과 문제의 연속이고 그래서 하루하루가 버겁고 때로는 너무 고통스럽지만, 엄마와 함께 있으면 그냥 '하나님, 감사합니다.'가 절로 나온다는 것입니다. 마치 칠흑 같은 밤이지만 어디선가 비치는 한 줄기 빛이 나를 인도할 수 있는 것처럼, 그렇게 엄마는 나의 삶에서 '감사'라는 이정표를 볼 수 있게 해주는 거울입니다.

　이제 치매에 대한 우리의 시각이 바뀌어야 합니다. 살아갈 이유도 살아갈 가치도 없는 사람처럼 바라봤더라면, 치매 환자에게도 하나님의 형상이 깃들어 있음은 성경에 기록되어 있는 엄연한 사실이기 때문입니다. 따라서 치매 환자 본인도 자신의 연약함을 부끄러워할 필요가 없을 뿐만 아니라 하나님의 형상이라는 관점에서 자신을 바라볼 수 있도록 하는 교육과 훈련을 미리미리 받는다면, 혹시 치매가 오더라도 특히 초기에 너무 좌절하거나 위축되지 않고 좀 더 당당하게 자신을 드러낼 수 있을 겁니다.

하나님의 형상을 드러내는 능력에
문제가 생길지라도

치매는 본인뿐만 아니라 가족들까지 위축되게 만드는 경향이 있습니다. 지금까지 잘 살아온 인생 전체가 치매로 인해 묻혀버릴 수 있기 때문입니다.

한 유명 교회의 목회자 사모님은 뇌졸중으로 쓰러진 시어머니에게 병문안을 온 교구 권사님들을 맞이하게 되었습니다. 그런데 권사님들의 반응을 보고 많이 속상했다고 합니다. 한 부류는 안타까워하며 시어머니를 돌보는 사모님을 위로했지만, 다른 한 부류는 아들이 목사인데 어쩌다 뇌졸중이 왔냐며 곱지 않은 시선을 보였답니다. 사모님은 그런 말들을 통해 신앙인의 영성에 대해 다시 생각해 보게 되었다고 합니다.

치매 부모를 둔 자녀들이 받는 상처도 이와 비슷합니다. 치매 엄마를 모시고 생활하는 어느 자매는 교회에서 권사님들이 오셨는데 어눌한 반응을 보이는 엄마를 보면서 "권사님이 어떤 분이셨는데, 이렇게 되실 수가 있냐."라는 말을 반복해서 하셨다고 해요. 그 말이 한동안 따님의 뇌리를 떠나지 않아서 힘들었다고 합니다.

치매나 여타의 질병으로 인해 자신 안에 깃든 하나님의 형상을 드러내는 능력에는 문제가 생길 수도 있습니다. 하지만 그렇다고 해서 그 사람 안에 깃든 하나님의 형상까지 손상을 입는 것은 아닙니다. 앞에서 이미 언급한 것처럼 우리 안에는 하나님의 형상이 깃들어 있기에 치매 환자를 말이나 행동으로 아프게 하는 건 바로 하나님을 아프게 하는 것이나 다름없습니다. 따라서 치매를 앓는 교우들을 만날 때는 그러한 관점에서 바라보고, 배려하는 마음과 함께 말도 가려서 했으면 좋겠습니다.

더불어 대놓고 표현을 하지는 않지만, "저분이 저렇게 된 건 우리가 알지 못하는 어떤 죄 때문일 거야." 혹은 "저분이 회개하지 않았기 때문에 저런 질병에 걸린 게 아닐까?" 하는 식의 편견을 가지고 인과응보로 정죄할 때도 있는 것을 봅니다. 하지만 욥기에서도 하나님은 인간이 다 헤아릴 수 없고 설명할 수 없는 원인에 의해 고난이나 질병이 찾아올 수 있다고 하시잖아요. 따라서 하나님 앞에서 우리가 다른 사람의 고난이나 질병을 비난하거나 판단하는 태도를 보이면 안 되겠습니다. 모르고 잘못을 범할 수도 있으니 교회에서 올바른 교육이 이뤄지면 좋겠습니다.

02

하나님은 절대로
치매 환자를
잊지 않으십니다

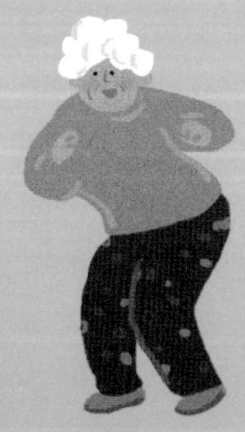

"하나님, 하나님 하며 외우는 거야"

어느 요양원에서 있었던 일입니다. 평상시에 다른 사람들을 힘들게 하지도 않고 늘 온화한 미소를 지으시며 그야말로 예쁜 치매를 사는 J 할머니의 모습이 어느 날부터인가 갑자기 달라졌습니다. 한편으로는 간절하게, 다른 한편으로는 정신이 이상해진 사람처럼 무언가를 중얼거렸지요. 프로그램 중에도 또 TV를 보면서도 중얼거리고 때로는 잠자리에 누웠을 때도 중얼중얼하셨다고 해요.

그래서 담당 요양보호사가 물었습니다. "할머니, 지금 뭐라고 하시는 거예요?" 그러자 할머니는 "내가 치매야. 그래서 자꾸 뭐든지 잊어버리잖아. 내가 평생 하나님을 믿고 살았는데 하나님을 잊어버리면 안 되잖아. 그래서 하나님을 잊지 않도록 '하나님', '하나님' 하며 외우는 거야."라고 하시더랍니다. 그 말을 들은 요양보호사는 "할머니, 그런 걱정은 안 하셔도 돼요. 우리가 하나님을 잊어버려도 하나님은 절대로 우리를 잊지 않으세요. 성경에 그렇게 나와 있잖아요."라며 지혜롭게 말했습니다. 그때부터 할머니는 심리적 안정을 되찾으셨답니다. 치매 환자가 하나님을 잊어버릴까 봐 걱정하는 건 치매 환자 본인만이 아닙니다.

이런 사례도 있습니다. 치매이신 목사님을 방문한 친구 목사님께 사모님이 근심 어린 표정으로 조심스럽게 말을 꺼냈습니다.
"목사님, 우리 목사님이 아무래도 하나님을 잊어버린 거 같아요. 제가 '여보, 예수님 믿으시죠?'라고 했는데, '예수가 누구야? 난 몰라'라고 했어요. 어떻게 이럴 수가 있죠?"
그러자 친구 목사님은 이렇게 위로하셨답니다.
"사모님, 괜찮아요. 혹 목사님은 하나님을 잊어버려도 하나님은 절대로 목사님을 잊지 않으세요."라고요.

기억은 하나님과의 관계를 이어주는 끈

그렇습니다. 어쩌면 기억하는 만큼만 '나'라고 할 수 있기에 기억이 없어진다는 것은 바로 나 자신이 없어진다는 말입니다. 그래서 우리가 살아가는 동안 기억이 중요합니다. 기억이 없으면 일상생활을 영위할 수 없고, 그동안 다른 사람들과 맺어온 인간관계도 끊어지며, 그렇다고 해서 치매 환자의 경우 새롭게 인간관계를 맺어 갈 수도 없습니다. 더 나아가 하나님과의 관계에도 문제가 생깁니다. 기억은 나와 하나님과의 관계를 이어주고 또 유지해 주는 끈이기 때문입니다.

그래서 앞서 하나님을 잊어버릴까 봐 "하나님, 하나님" 하고 계속 중얼거렸던 요양원의 할머니처럼, 기억을 잃어버리면 자연스럽게 하나님도 잊어버리게 됩니다. 하지만 성경이 말하는 것처럼 하나님이 우리를 기억하고 놓지 않으십니다. 그러니 염려하고 불안해하지 않아야겠습니다.

언약을
잊지 않으시는 하나님

물론 치매 환자만 하나님을 잊어버리는 건 아닙니다. 하나님을 잘 잊어버리는 건 어쩌면 자연스러운 인간의 특성이 아닌가 싶어요. 성경을 보면 하나님은 아브라함을 위대한 민족의 조상으로 만들고 이스라엘 백성을 약속의 땅으로 인도해 그들과 함께하겠다고 언약을 맺으셨습니다.

그 후 세월이 흘러 이스라엘 백성은 이집트에서 종살이하며 그만 하나님의 언약을 까맣게 잊어버리고 말았습니다. 그럴지라도 하나님은 이스라엘 백성을 잊지 않으셨습니다.

출애굽기 6장 4~5절을 보면 알 수 있습니다.

4 가나안 땅 곧 그들이 거류하는 땅을 그들에게 주기로 그들과 언약하였더니

⁵ 이제 애굽 사람이 종으로 삼은 이스라엘 자손의 신음 소리를
  내가 듣고 나의 언약을 기억하노라

마태복음 10장 30~31절에서 예수님은 이렇게 말씀하셨습니다.

³⁰ 너희에게는 머리털까지 다 세신 바 되었나니
³¹ 두려워하지 말라 너희는 많은 참새보다 귀하니라

또 이사야 46장 4절에서는 "너희가 노년에 이르기까지 내가 그리하겠고 백발이 되기까지 내가 너희를 품을 것이라 내가 지었은즉 내가 업을 것이요 내가 품고 구하여 내리라"라고 말씀하셨습니다.

이 말씀들을 보면 하나님은 자신의 언약을 잊지도 않으실 뿐만 아니라 우리의 아주 사소한 부분까지 챙기시고 간섭하신다는 걸 알 수 있습니다. 말씀에서 보듯이 참새 한 마리가 떨어지는 것도 간섭하시고 우리 머리카락 하나까지 세는 분이신데, 우리가 치매에 걸려 하나님을 기억하지 못한들, 어떻게 하나님이 자녀인 우리를 잊으실 수 있겠습니까. 당연한 말 같지만, 하나님은 치매 환자를 절대로 잊지 않으십니다.

그렇다면 이스라엘 백성은 어떻게 이토록 신실하신 하나님을 잊은 걸까요? 종살이하는 고통이 너무 커서 그랬을까요? 아마도 그랬을 겁니다. 인간은 고통 중에 있으면 하나님의 은혜를 기억하며 하나님 안에 머무르기가 쉽지 않으니까요.

특히 가족 중에 치매 환자가 생기면 하나님이 자신의 가족을 잊어버리신 정도가 아니라 마치 하나님께 버림받은 것처럼 느껴지기도 합니다. 그래서 언약의 말씀을 붙들기가 무척 어렵지요. 하지만 신실하신 하나님은 약속을 지키시는 분이십니다. 이사야 49장 13~16절을 보면 이렇게 말씀하십니다.

13 하늘이여 노래하라 땅이여 기뻐하라 산들이여 즐거이 노래하라 여호와께서 그의 백성을 위로하셨은즉 그의 고난 당한 자를 긍휼히 여기실 것임이라
14 오직 시온이 이르기를 여호와께서 나를 버리시며 주께서 나를 잊으셨다 하였거니와
15 여인이 어찌 그 젖 먹는 자식을 잊겠으며 자기 태에서 난 아들을 긍휼히 여기지 않겠느냐 그들은 혹시 잊을지라도 나는 너를 잊지 아니할 것이라
16 내가 너를 내 손바닥에 새겼고 너의 성벽이 항상 내 앞에 있나니

이 언약의 말씀에서 한 걸음 더 나아가 성자 예수 그리스도까지 십자가에 내어주신 하나님인데, 그 하나님이 어떻게 우리를, 아니 치매 환자일지라도 잊으실 수 있겠어요? 하나님의 기억 속에서 자녀인 치매 환자가 없었던 때는 한순간도 없습니다. 이 세상에서 자식이 병에 걸리거나 능력이 없다고 해서 자식을 버릴 어미가 어디 있겠습니까? 하물며 하나님이신데요?

우리가 가만히 있어도
되는 것은 아니다

　이렇듯 하나님이 치매 환자를 절대로 잊지 않으신다고 해서 치매 환자와 환자를 돌보는 이가 가만히 있어도 된다는 것은 아닙니다. 우리가 죄의 노예였지만 예수 그리스도의 십자가가 우리에게 자유를 주었고 영원한 생명을 주었다는 걸 기억하는 의미에서 우리는 매주 주일예배를 드립니다.
　이렇게 주일은 하나님이 주신 은혜를 기억하도록 하신 하나님의 장치인 만큼, 다시 회복할 수 없는 치매 환자도 '잔존기능'을 통해 제한적이긴 하지만 얼마든지 하나님이 주신 은혜를 기억할 수 있습니다. 어린 시절부터 축적된 의미있는 기억들은 치매 말기가 되기 전까지, 계속 떠올릴 수 있도록 도와주면 꽤 오랫동안 유지됩니다. 물론 치매 환자에게 있는 객관적 정보나 지식에 대한 기억은 잃어버리겠지만요.

예를 들어 치매가 많이 진행된 중기 정도에 해당하신 엄마에게 "엄마, 제가 오늘 갔다가 내일모레 25일에 올게요." 하면서 "엄마 12월 25일은 빨간 날인데 무슨 날일까요? 예수님의…?"라고 하면 "예수님 생일"이라고 대답하십니다. 12월 25일이 성탄절이라는 건 아주 옛날부터 반복되어 장기기억에 견고하게 안착한 것이기에 조금만 힌트를 드리면 다시 기억해 낼 수 있습니다. 그러니 아직 치매 말기가 아닌 이상 하나님과 맺어온 사랑의 기억들을 꺼내서 함께 나눈다면, 치매 상태에서도 하나님과 하나님의 은혜를 떠올릴 수 있습니다. 그럴 때 하나님은 하나님만의 방법으로 치매 환자를 만져주실 것입니다.

이 말은 치매 환자가 성경 말씀을 끊임없이 들으며 내용을 기억하라는 것이라기보다는, 하나님의 말씀이 어떻게 치매 환자의 삶을 변화시켰는지와 치매 환자에게 어떤 영향을 주었는지를 상기해야 한다는 것입니다. 즉 성경 이야기와 연결해 치매 환자 자신의 개인적인 신앙 이야기를 나누면서 장기기억 속에 들어 있는 하나님의 은혜를 떠올리고 그것을 기억하도록 돕는 것입니다.

10년 만에 기도로 낳은 아들

저희 엄마의 경우 젊은 시절 동네 할머니에게 전도하러 갔다가,

"아들도 낳지 못하는 게 전도는 무슨 전도야." 하는 조롱의 말을 듣고 크게 상처가 되셨답니다. 그 이후로 첫딸을 낳은 지 10년 만에 기도로 아들을 낳은 사건이 엄마에게는 어떤 상황에서도 하나님의 은혜를 기억하는 증표가 되었습니다. 성경 인물 중에서 아브라함을 무척 좋아하신 엄마는 늦은 나이에 낳은 아들의 이름을 '근복'이라고 지으셨죠. 아브라함처럼 복의 근원이 되라는 마음의 소원을 가졌기 때문입니다. 치매를 앓는 대부분의 한국 어머니들이 유독 아들에 대한 애틋한 사랑을 나타내듯이 저희 엄마도 그러십니다. '복의 근원 강림하사~'라는 찬송을 좋아하시는데(새찬송가 28장) 그 찬송을 부르실 때의 표정을 보면, 딸을 낳고 10년 만에 얻은 아들에 대한 감격이 엄마에게 되살아나는 것 같습니다.

　이런 식의 간증을 엄마와 매번 나누고 있는데, 나누는 순간만이라도 엄마가 하나님을 기억하며 하나님의 은혜 안에 머무를 수 있도록 애를 씁니다.

치매 판정 이후에도
삶은 계속된다

물론 치매가 오면 하나님을 잊어버린 듯 보일 때가 더 많습니다. 하지만 하나님을 완전히 잊어버린 것이 아닙니다.

앞의 사례에서 하나님을 잊어버릴까 봐 걱정했던 할머니처럼, 많은 치매 환자들은 자기 자신이 조금씩 없어지는 것처럼 느껴지니 불안하고 또 혼란스럽습니다. 그래서 마치 하나님마저 잊어버린 듯 보입니다.

하지만 치매 환자라 일일이 표현을 못하는 것일 뿐 치매 환자도 하나님과의 관계의 끈을 놓지 않으려고 애를 씁니다. 특히 치매 초기에는 스스로 불안하고 초조한 느낌에 하나님을 더 찾는 경향이 있습니다.

엄마의 정동진교회

　몇 년 전에 부모님을 모시고 강원도 정선 오일장에 간 적이 있습니다. 원래 계획은 정선 오일장을 구경하고 다음 날 경포대로 갈 예정이었지요. 일단 정선에서 버스를 타고 강릉 터미널에 왔습니다. 그런데 엄마가 갑자기 정동진에 가고 싶다고 하시는 거예요. 어찌나 강력하게 말씀하시는지 택시를 불러서 정동진에 갔어요. 그곳에서 우리는 엄마가 처음으로 신앙생활을 시작해서 주님을 영접한 정동진 성결교회 앞에 내렸고 교회 마당에서 사진 몇 장을 찍었습니다. 그러고는 아주 옛날부터 있었던 구멍가게에 들러 잠시 이런저런 이야기를 나누다가 다시 택시를 타고 숙소인 경포대로 갔습니다.

　그러고 나서 한 달이 지난 후에 엄마는 치매 판정을 받으셨습니다. 그 당시에는 엄마가 너무나 고집스럽고 생뚱맞기까지 하다고 생각했습니다. 그런데 지금 생각해 보니 말로 표현은 안 했지만 엄마 나름대로 자신이 받은 하나님의 은혜를 떠올리며 현실을 살펴봤을 때 뭔가 이상해져 가는 자신의 모습이 두려웠고, 그런 마음이 엄마가 처음 신앙생활을 시작했던 예배당으로 이끌었던 것 같아요. 평생 '뭐 하고 싶다', '뭐 해달라'라는 자기주장 한 번 하지 않은 엄마인데 50년 정도 된 기억을 더듬어 정동진 성결교회에 가자고 하신 걸 보면, 그때 그저 사진만 몇 장 찍고 온 것이 안타깝고 아쉬울 뿐입니다.

처음 엄마가 치매 판정을 받았을 때는 그 사실이 너무 고통스러워 저도 엄마의 기억 속에 남아 있는 하나님의 기억을 꺼내 나누고 은혜를 기억하며 그 안에 머무를 수 있도록 하는 시도를 제대로 하지 못했습니다. 치매 환자가 하나님을 기억하도록 도와주려는 이런 노력과 경험 없이 치매라는 증상만 보면 너무 답답하고 힘들어 절망하게 되지요.

하지만 치매 판정을 받은 치매 환자의 삶도 계속 이어집니다. 매 순간 희로애락의 감정을 느끼면서 희미하지만 어떤 영적인 갈망 가운데 하나님을 찾고 그 품에서 쉼을 얻고 싶어 합니다.

따라서 세련되게 표현하지는 못해도 치매 환자가 자신의 기억 속에 있는 하나님의 은혜를 떠올리며 그 순간만이라도 하나님의 은혜 안에 머무를 수 있도록 격려하고 또 도와야 합니다.

03

치매 환자에게 남겨진 '은혜의 섬'

'칵테일 파티 효과'와 성령님

심리학 이론 중에 '칵테일 파티 효과'라는 것이 있습니다. 우리의 귀는 사람들이 많이 모인 칵테일 파티에서처럼 시끄러운 소음 속에서도 원하는 특정 정보에 대해 선택적으로 집중하여 잘 받아들일 수 있는 능력이 있습니다. 이것을 '칵테일 파티 효과'라고 합니다. 예를 들면 시끄러운 장소에서도 누군가가 내 이름을 부르면 금세 알아듣는다든지 아니면 여러 사람이 부르는 중창 속에서도 유독 내 가족이나 친구의 목소리가 더 잘 들리는 것을 말합니다.

하나님의 현존 즉 지금도 내 안에서 나와 함께하시는 성령님은 우리가 의식하지 못할 뿐, 이 순간에도 내가 하나님을 기억하고 하나님의 인도하심을 받도록 끊임없이 간구하십니다. 헬라어로 '파라클레이토스'(위로자, 보혜사 성령)인 성령님은 그 단어의 뜻대로 우리 곁에서 말씀하시는 분이자 우리의 위로자로서, 때로는 우리에게 조언하시고 질책도 하시며 우리를 도와주시고 보호해 주십니다. 우리가 성령님의 음성을 듣기 위해서는 '칵테일 파티 효과'처럼 성령님의 음성을 들으려는 민감성이 필요합니다.

앞에서 이미 언급했듯이 우리는 고통 중에 있으면 나 자신이 처한 상황을 제대로 인식할 수 없습니다. 성령님은 항상 그 자리에 계시지만, 나의 상황이 초래한 고통으로 인해 성령님을 느끼는 민감성이 떨어지기 때문입니다.

하지만 가족의 치매를 인정하고 받아들인 후, 성령님께 집중하면 '칵테일 파티 효과'에서처럼 성령님의 음성을 들을 수 있습니다. 그러면 비로소 성령님과 함께하는 신비를 경험하게 되고 남들이 볼 때는 고통과 수고로움의 하루하루라고 할지라도, 그 안에서 성령님이 주시는 평안과 기쁨을 누리게 됩니다.

이렇게 돌보는 이가 성령님의 인도하심을 따라 생활하다 보면 치매 환자에게도 함께하시는 성령님을 느끼게 됩니다. 그래서 3부 3장 제목인 "치매 환자에게 남겨진 '은혜의 섬'"은 치매라는 절망적 상황에서 비록 제한적이라 하더라도 치매 환자가 경험할 수 있는 하나님의 은혜가 충분히 있다는 의미입니다.

'기도'라는 은혜의 섬

치매 환자도 기도할 수 있습니다. 치매가 와도 평생 새벽 제단을 쌓은 기도가 녹음기를 튼 것처럼 그대로 흘러나옵니다. 입술로 늘 불렀던 찬송가 가사를 기억해서 다시 부를 수 있듯이 그렇게 매번 가족을 위해 해오신 기도가 그대로 나옵니다. 물론 치매가 점점 진행되면 문장들이 짧게 변형되고 앞뒤가 잘 맞지 않지만요. 그래도 괜찮습니다. 로마서 8장 26절에 나오는 "마땅히 기도할 바를 알지 못하나"라는 부분이 어쩌면 치매 환자에게 해당할 수도 있습니다. 치매 환자 안에 계신 성령님은 이 시간에도 말할 수 없는 탄식으로 치매 환자의 연약함을 도우시니까요. 성령님은 치매 환자의 욕구와 필요, 그리고 영적인 갈망을 모두 아시기에 치매 환자가 나름의 방법으로 하나님과 연결될 수 있도록 도와주십니다.

저희 엄마는 자신에게 필요한 내용은 정확히 기억하시는데 그런 모습을 보며 놀라고는 합니다. 이를테면 30년 이상 된 집 전화번호도 잊으셨지만, 가족 중 딸의 전화번호는 기억하십니다. 나아가 엄마에게 가족의 기도 제목을 알려드리면서 "엄마! 이 세상에서 가장 중요한 일은 하나님을 잘 믿고 섬기는 일이잖아요. 엄마 아들이 결혼해서 잘살고 있고 직장생활도 잘하고 있는데, 신앙생활은 그렇지 못하잖아요. 엄마가 기도해 주셔야 해요."라고 했더니 정말로 기도하실 때마다 그 기도를 빼놓지 않고 하십니다.

이런 모습을 보며 성령님이 치매 환자에게도 함께하시어 도와주시는 걸 느낍니다. 성령님의 도우심으로 치매 환자도 얼마든지 하나님과 연결되어 기도할 수 있음을 날마다 목격하며 감사합니다.

"하나님, 우리 아들 주목사가…"

주기철 목사님의 며느리인 이정남 권사님은 돌아가시기 전 10여 년 동안 치매를 앓으셨는데, 나중에는 자녀들도 못 알아보셨지만 기도에는 여전히 열심이셨다는 일화를 읽은 적이 있습니다.

어느 날 아들이 어머니를 찾아갔는데 간병인이 인사하면서 "요새는 할머니께서 기도도 잊어버리신 것 같아요. 기도를 안 하세요."라고 했답니다. 그래서 아들이 "어머니, 요새 기도 안 하세요? 기도를 잊어버리셨어요?"라고 여쭈었더니, 어머니가 고개를 저으시면서 갑자기 아들의 손을 꼭 붙잡고 간절히 기도하기를 시작하셨답니다.

"하나님, 우리 아들 주목사가 하나님이 기뻐하시는 종이 되게 하시고, 주 목사의 앞길을 막는 모든 악한 것들을 주님께서 친히 제거해 주시고 물리쳐 주옵소서…."라고 말입니다.[7]

'찬양'이라는 은혜의 섬

　찬양을 통해서도 하나님의 사랑과 은혜를 경험하고 누릴 수 있습니다. 무엇보다도 찬양은 돌보는 이에게도, 치매 환자에게도 밥을 먹는 것만큼이나 살아갈 힘을 얻는 큰 에너지원이 됩니다. 물론 이런 시간을 가진 후에 언제 그랬냐는 듯 돌변하는 모습을 보일 수도 있지만, 찬양을 부르는 순간만이라도 하나님이 주시는 평안함을 느낄 수 있도록 도와야 합니다. 찬양을 통해 얻는 위로는 짧을지라도 그 이상의 가치가 있기 때문입니다.

　찬양은 말씀을 기억하는 방법이 되기도 합니다. 어느 날 '어떻게 하면 성경말씀을 한 구절이라도 더 기억하시게 할 수 있을까?' 하고 생각하다가 찬양을 부르자고 했습니다. 치매 중기이신 엄마가 유명한 말씀 구절이자 찬양으로도 만들어진 요한복음 3장 16절을 처음부터 마지막까지 한 소절도 틀리지 않고 부르시는 걸 보고 저는 깜짝 놀랐습니다.

> 하나님이 세상을 이처럼 사랑하사
> 독생자를 주셨으니
> 누구든지 예수 믿으면 멸망하지 않고
> 영생을 얻으리로다.

성경에 나오는 이야기를 이해하거나 말하기는 어렵고 찬송가의 가사 내용을 제대로 이해하지는 못해도, 첫 소절만 불러드리면 나머지 가사가 입에서 줄줄 나오곤 합니다. 한 곡도 아니고 수십 곡의 찬송가를 기억할 뿐만 아니라 정확히 부르시는 걸 보면서 아무리 치매라는 질병이 우리를 덮쳐도 아직 남아 있는 어떤 기능으로 인해 얼마든지 하나님과 연결될 수 있다는 것을 알았습니다. 그런 하나님의 은혜에 감사할 따름입니다.

치매 환자 우디의 무대

이런 이야기도 있습니다. '알츠하이머병 프로젝트'라고 불리는 HBO방송 프로그램에서 우디(Woody)라는 한 남자의 이야기가 소개되었습니다. 그는 10년 이상 알츠하이머병을 앓았는데 여느 치매 환자들처럼 사람들이 말한 것을 몇 분 후면 기억하지 못했고, 그가 사는 곳으로 가는 길을 찾지도 못했습니다.

그러나 치매가 오기 전에 그는 아카펠라 그룹에 참여했던 성공한 성악가였습니다. 다큐멘터리를 보면 그의 아내와 딸이 그를 과거에 속했던 그룹의 콘서트로 데려갑니다. 우디는 가는 중에도 2~3분마다 어디로 가고 있는지를 묻습니다. 그의 기억력이 명백히 손상을 입었기 때문이지요. 더욱이 자신이 노래할 거라고 말하자 그는 믿지 않았습니다.

그곳에 도착한 후에 그의 가족은 그를 이전에 속했던 그룹과 함께 무대에 세웠고, 그룹이 노래를 시작한 뒤 몇 초 만에 바로 합류한 우디는 한마디의 실수도 없이 곡을 독창했습니다. 그러고 나서 돌아오는 길에 그 기억을 잊어버렸지요.[8]

오래전부터 해 온 기도와 찬양의 힘

이렇듯 제한적이긴 하지만 치매 환자도 기도하며 하나님과 연결될 수 있고, 찬양하며 하나님의 은혜를 경험할 수 있습니다. 기억을 담당하는 기능이 손상을 입어 현재 경험하고 들은 것을 장기기억으로 안착시키지는 못하지만, 아주 오래전에 장기기억 속에 저장해두고 계속 반복한 것은 비교적 잘 유지되기 때문입니다. 앞서 요한복음 3장 16절을 한 단어도 틀리지 않고 찬양으로 부른 저희 엄마나 우디의 사례처럼, 최근 기억이 아니라 오래전에 저장되고 반복된 것은 다시 불러올 수 있습니다. 물론 최근이나 수년 전에 경험한 기억은 장기기억으로 충분히 안착하지 않았기 때문에 사라지지만요.

친숙한 예전의 느낌으로 바꿨더니

2018년 6월 19일 아사히신문 기사에 따르면, 독일 드레스덴에 위치한 노인요양원에서 실내 장식을 사용자들에게 친숙한 구동독 느낌으로 바꿨더니 과묵한 치매 환자들의 말수가 급격하게 늘었고, 화장실을 못 가던 치매 환자가 안내표지판을 1960년대 것으로 바꿨더니 갈 수 있게 되었다고 합니다.

치매 자체는 치료되지 않아도 치매 환자를 위한 이런 노력으로 과거의 기억이 생각지도 못한 형태로 되살아나기도 하고, 그래서 할 수 있는 일이 늘어난다니 참으로 놀랍습니다.

몸의 기억이 치매 환자들의 삶을 어느 정도 지탱시켜준다

이렇게 우리가 성령님의 도우심에 의지하여 치매 환자의 영적 욕구 즉 치매 환자가 하나님의 은혜 안에 머무르도록 도와줄 수 있다고 확신하는 데에는 '몸의 기억'도 한몫합니다. 치매 환자는 자신에게 있는 객관적 정보나 지식에 대한 기억은 잃어버렸을지 모르지만, 어떤 행동을 반복해서 습관처럼 자리 잡은 몸의 기억은 치매가 와도 그대로 유지되는 걸 봅니다. 몸의 기억은 대뇌 기저핵과 소뇌가 담당하는데 이는 치매로 손상되는 부분과 상관이 없기 때문입니다. 그래서 수년 동안 자전거 타기를 멈췄더라도 다시 자전거에 올라타면 페달을 밟고 앞으로 나아갈 수 있는 것이며 다른 나머지 몸의 기억도 마찬가지입니다.

치매 할머니의 발레

치매 환자들에게서 볼 수 있는 몸의 기억과 관련하여 전 세계 사람들을 감동하게 한 유튜브 영상을 보았습니다. 한 치매 시설에 사는 80대의 할머니에게 차이콥스키의 〈백조의 호수〉를 들려주었지요. 그랬더니 할머니가 그 발레 동작 하나하나를 음악에 맞춰 재연하였습니다. 그녀는 1960년대 발레리나였다고 합니다. 수십 년 동안 발레를 해왔던 그녀는 자신이 누구인지조차 모르게 되는 치매를 앓고 있었지만, 음악이 들려오자 자신의 몸이 기억하고 반응을 보인 겁니다.[9] 이처럼 몸의 기억은 치매 환자들이 어느 정도의 삶을 지탱해갈 수 있도록 해줍니다.

'예배'라는
은혜의 섬

   이번에는 예배입니다. 어떤 일을 떠올리려고 할 때 그 일이 감정과 연결되어 있으면 더 잘 기억이 나잖아요. 이를테면 초등학교 졸업식이 끝나고 짜장면집에 갔는데 주방에서 불이 났다고 해봅시다. 그래서 짜장면을 먹지 못했다면 그 기억은 놀란 감정과 연결되어 짜장면을 떠올릴 때마다 평생 잊을 수 없을 것입니다.

   그런데 기억은 감정뿐만 아니라 오감과도 밀접하게 연결되어 있습니다. 햇볕에 말린 이불이나 구수한 음식 냄새를 맡으면 왠지 모르게 엄마의 사랑 같은 것이 떠오르기도 합니다. 이처럼 냄새를 통해 과거의 일을 기억하는 현상을 '프루스트 현상'이라고 하는데요. 마르셀 프루스트의 『잃어버린 시간을 찾아서』라는 책에서 주인공이 홍차에 적신 마들렌 냄새로 어린 시절을 떠올린 것에서 유래되었습니다.

이 작용을 치매 환자에 적용하면 '치매 환자니까 예배드리러 갈 필요가 없다'가 아니라 '갈 수 있으면 가야 한다'가 됩니다. 이유는 비록 목사님의 설교를 제대로 알아들을 수 없을지라도, 자신이 평생 다니고 섬겨 온 예배당 마당에 들어설 때 치매 환자의 감각기관과 기억력이 자극을 받을 수 있기 때문입니다.

물론 치매가 점점 진행될수록 감각기관에도 장애가 생겨 미각이나 후각, 그리고 촉각을 느끼는 것에 문제가 생길 수밖에 없습니다. 이를테면 입맛이 변해서 편식이 심해지고 새로운 음식을 거부하기도 하고 커피를 마셔도 커피인지 모르기도 합니다. 또 가스레인지에서 찌개가 타고 있어도 냄새를 잘 맡지 못하고 목욕할 때 물의 온도에도 점점 둔감해집니다. 나아가 목이 마르다는 감각도 점점 둔해져서 무더위에 걸어도 물을 찾지 않습니다.

그럴지라도 치매가 중후반으로 진행되지 않았다면, 예배에 참여하는 일은 치매 환자에게 옛일을 추억하고 기분 좋은 감정을 느끼게 해주는 긍정적 경험이 될 수 있습니다.

'기억'이라는 은혜의 섬

 마지막으로 '기억'이라는 은혜의 섬이 있습니다. 이 섬에서 치매 환자가 자신의 삶을 복음 안에서 잘 해석할 수 있도록 도와주는 것입니다.

 저의 경우 엄마가 살아온 삶에서 잘한 일들을 하나씩 언급하며 칭찬해드리는 일을 낮에도 하고 주무시기 전에도 합니다. 이렇게 하는 이유는 정서적 지지와 더불어 죽음을 두려워하지 않고 잘 받아들일 수 있도록, 죽음 준비를 도와드리려는 목적도 있지요.

 "엄마는 인생을 잘 살아오셨어요. 살아서는 자식들에게 효도 받고, 이제 천국 가시면 하나님이 칭찬해 주실 테니, 엄마! 살아 있어도 좋고 혹 죽는다고 해도 천국에서 하나님 뵐 거니까 괜찮죠?"라고 말하면 고개를 끄덕거리십니다.

 좀 더 구체적으로 설명하면서 "엄마는 예수님 믿고 우리 가족을 전도하셨어요. 또 예전에 우리 집 옆에 사시던 C 권사님, J 권사님도 엄마가 전도했잖아요."라고 하면 본인이 전도하신 분들의 이름을 정확히 기억하고 누구누구라고 이야기하십니다. 또 "교회를 두 번이나 건축했는데, 건축할 때 어려움도 많았지만 열심히 교회를 섬기셨잖아요. 어려운 살림에 조카들을 몇 년씩 데리고 사셨지요. 엄마, 제가 결혼해 보니까 알겠어요. 친정 조카들을 몇 년씩 데리고 생활하기가 쉽지 않았을 텐데, 천국 가면 하나님이 그런 엄마 마음 다 아시고 칭찬해 주실 거예요. 엄마는 딸이 옷 사 입으라고 돈 드리면 노점에서 만 원짜리 옷들 사 입으시고 남는 돈으로 남들에게 베푸셨잖아요." 하면서 옛날 일들을 떠올리면 엄마는 "그래." 혹은 "맞아." 하면서 알아줘서 고맙다는 표정을 보이십니다.

이것만이 아니지요. "엄마, 제가 어렸을 때 엄마는 헌금할 돈을 꼭 다리미로 다리셨어요. 난 그런 엄마 모습 보고 배워서 지금도 헌금할 때는 꼭 새 돈으로 해요. 하나님이 천국에서 우리의 그 마음을 예쁘게 보시고 둘 다 칭찬해 주실 거예요." 이런 이야기를 하면 엄마는 스스로 가치 있는 존재라고 느끼시는 것 같습니다. 좋아하실 뿐만 아니라 심리적으로 또 영적으로 평온해지시는 걸 엄마의 눈빛을 보고 느낄 수 있습니다.

이처럼 아직 남아 있는 '기억'이라는 은혜의 섬을 통해 엄마가 하나님을 기억하고 은혜 안에 머무를 수 있는 건 젊은 시절부터 신앙생활을 해 온 덕분입니다.

치매 엄마를 통해 어린 시절의 신앙교육이 얼마나 중요한지 또 신앙생활을 통해 미리미리 하나님과 좋은 추억을 많이 쌓는 게 얼마나 유익한지를 다시 한번 깨닫습니다.

치매의 진행을 늦춰주는
신앙 활동들

경도인지장애의 경우 약 10~15%가 매년 알츠하이머형 치매로 진행되며, 약 80%는 6년 안에 치매 증상을 보인다는 피터슨 박사의 연구 결과가 있습니다. 하지만 상당한 비율의 경도인지장애는 치매로 진행되지 않거나 정상인지로 회귀하기도 합니다. 따라서 우리가 노력할수록 치매의 진행속도를 늦출 수 있습니다.

1. 찬송가 부르기
평상시에 즐겨 불렀던 것이나 가사가 특별히 와닿았던 찬송 혹은 힘든 시절에 매일 불렀던 찬송가나 배우자 혹은 자녀가 좋아하는 찬송가 등 의미가 있는 찬송으로 나누어 자주 부르면 좋습니다.

2. 성경 말씀 암송하기
성경 말씀도 평소 본인이나 가족들이 좋아하는 성경 구절, 혹은 매주 설교 본문 중에 한 구절을 택해서 암송할 수 있습니다. 성경 구절을 집 안 곳곳에 붙여두고 매일 보면서 외우는 것도 좋습니다. 주기도문이나 사도신경 역시 그동안 계속 암송해왔던 것이기 때문에 외우실 수 있습니다.

3. 간단한 율동 따라 하기

만약 교회에서 '실버대학' 등을 운영한다면 몸을 움직이며 찬양하는 프로그램이 좋습니다. 여전도회 모임에서도 회원 중 한 사람이 율동을 곁들인 찬양을 워밍업으로 하고 모임을 할 수도 있습니다.

4. 교인들과 대화하며 즐거운 시간 갖기

사회적 접촉이 많을수록 우리의 인지능력(기억력, 사고력, 판단력 등)이 느리게 쇠퇴합니다. 인지능력이 높다는 말은 신경세포들의 연결인 시냅스의 수가 많다는 의미인데, 사회적 접촉이 많을수록 시냅스의 수가 천천히 줄어들기 때문입니다. 따라서 교인들과 자주 만나서 대화하고 많이 웃고 어울리는 시간을 가지면 좋겠습니다.

4부

치매 교인의 가족을 위하여

- 치매 환자를 돌보는 이들이 경험하는 '광야'
- 나를 돌보는 만큼 치매 환자를 돌볼 수 있습니다
- 하나님은 내 인생의 공동 저자이시다

01

치매 환자를
돌보는 이들이
경험하는 '광야'

치매 환자 가족들이 겪는 심리 단계

호스피스 운동의 창시자라 할 수 있는 퀴블러 로스(Elisabeth Kübler Ross)는 말기 암 환자들이 암으로 진단을 받았을 때부터 임종에 이르기까지 어떤 감정의 변화를 겪는지를 연구했습니다.

연구 결과 '부정-분노-우울-타협-수용'이라는 5단계 감정변화를 거친다고 했습니다. 물론 치매 당사자도 아니고 죽음을 선고받은 것도 아니지만 치매는 다시 회복될 수 없는 병이기에, 치매 환자를 돌보는 가족들도 비슷한 심리 혹은 영적 변화를 겪게 됩니다.

일반적으로 치매 환자 가족들이 겪는 심리 단계를 '부정-혼란(화)-단념-수용' 이렇게 4단계로 나눌 수 있습니다.[10] 가족 중 누군가가 치매 판정을 받으면 마음이 어떨까요? 당연히 믿어지지도 않고 부정하고 싶겠지요. 그래서 열심히 기도합니다. "하나님, 치매 진단을 받았지만, 우리 엄마 아직 괜찮잖아요. 우리 엄마의 마지막을 이렇게 보내드릴 수는 없어요. 낫게 해주세요." 혹은 "하나님, 치매는 고칠 수 없어도 진행 속도를 늦출 수 있다는데 많이 늦춰주세요." 하고 기도합니다.

그러나 아무리 기도해도 점점 나빠져 가는 모습을 보면 고통스럽기만 한 것이 아니라 하나님께 화가 납니다. "하나님이 어떻게 저에게 이러실 수 있나요? 도대체 제가, 아니 우리 엄마가 뭘 잘못했나요?"라며 하나님께 화를 내게 됩니다.

이런 분노의 단계가 너무 오래가면 영적 침체에 빠져서 하나님이 계시지 않는 것처럼 느끼기도 합니다. 개중에는 하나님을 아예 떠나버리는 사람도 있습니다. 울고불고 기도하고 화를 내도 치매 환자의 상태는 나아지지 않기 때문입니다. 그러다 보면 어쩔 수 없이 단념할 수밖에 없지요. 아무리 몸부림쳐도 바뀌지 않는 현실에 맞닥뜨리면 우울하고 절망스럽지만, 그제야 자신의 가족이 치매임을 인정하고 받아들이게 됩니다.

이렇게 '수용'의 단계에 이르러야 비로소 진정한 돌봄이 시작됩니다. 다시 말해 치매가 왔다는 현실을 인정하면 치매 환자가 더 좋아질 수는 없겠지만, 여전히 할 수 있는 일들인 '잔존기능'에 초점을 맞추어 치매 환자를 돌보게 됩니다. 나아가 이 세상의 창조자이며 주관자이신 하나님을 붙들고 그 하나님을 온전히 의지하게 됩니다. 즉 우리 안에 계신 성령님이 친히 치매 환자와 함께하시어서 매 순간 도와주시고 또 치매 환자를 돌보는 자신에게도 감당할 힘을 달라고 구하게 됩니다.

이렇게 기도할 수 있는 근거는 로마서 8장 26~27절이 다음과 같이 말하기 때문입니다.

> 26 이와 같이 성령도 우리의 연약함을 도우시나니 우리는 마땅히 기도할 바를 알지 못하나 오직 성령이 말할 수 없는 탄식으로 우리를 위하여 친히 간구하시느니라
> 27 마음을 살피시는 이가 성령의 생각을 아시나니 이는 성령이 하나님의 뜻대로 성도를 위하여 간구하심이니라

이렇게 성령님이 치매 환자와 돌보는 이 사이에 함께하심을 믿고 늘 기도하며 생활하다 보면 비록 몸은 힘들지만 기쁨과 감사가 넘치는 나날이 될 것입니다.

●

하나님이 함께하시면,
광야에서조차 살아갈 수 있다

흔히 인생을 광야에 비유합니다. 도대체 광야는 어떤 곳이기에 그렇게 말하는 걸까요? '광야'는 히브리어로 '미르바르'인데 '~으로부터'란 뜻의 '미'와 '말씀'이라는 뜻의 '디바르'에서 파생됐다고 합니다. 그러니까 광야는 '하나님이 말씀하시는 곳'을 의미합니다.

하지만 물리적 실체로서의 광야는 끝없이 사막이 펼쳐져 있고 바위와 돌들이 있는 곳입니다. 나무는커녕 풀 한 포기조차 찾아볼 수 없는 곳이고 걸어서 다니기도 쉽지 않은 곳이지요. 거기다가 낮에는 덥고 밤에는 추워서 인간이 생존하기에 적합하지 않습니다. 그래서인지 민수기 20장 5절을 보면 이스라엘 백성이 모세에게 이렇게 공격합니다.

5 너희가 어찌하여 우리를 애굽에서 나오게 하여 이 나쁜 곳으

로 인도하였느냐 이곳에는 파종할 곳이 없고 무화과도 없고 포도도 없고 석류도 없고 마실 물도 없도다

저는 인생 자체는 차치하더라도 치매 환자를 돌보는 일만큼은 '광야에서 사는 삶'으로 비유하고 싶습니다.

낸시 메이스의 『36시간: 길고도 아픈 치매 가족의 하루』라는 책이 있습니다. 치매 환자와 그 가족들을 위해 미국에서 1981년 출판된 이래 30년 동안 개정되고 또 개정되어 5판까지 나온 책의 제목입니다. 이 책의 제목만 봐도 우리는 치매 환자 가족들이 겪는 삶의 무게를 짐작할 수 있을 겁니다.

어쩌면 치매 환자를 돌보는 이들은 하루가 36시간보다 훨씬 더 길게 느껴질지도 모릅니다. 매스컴을 통해 치매인 배우자를 살해하고 자살하는 안타까운 소식까지 들을 정도이니 그야말로 치매 환자를 돌보는 일은 광야 생활이라 하지 않을 수 없습니다.

그런데도 치매 환자를 돌보는 이들이 포기하거나 절망하지 않을 수 있는 이유는, 인간이 살 수 없는 광야에서도 이스라엘 백성이 한 명도 죽지 않고 살아남게 하신 하나님의 돌보심 때문입니다. 성경을 보면 40년 동안 이스라엘 백성들은 먹을 게 없어 굶거나 죽지 않았습니다. 그것이 어떻게 가능했을까요? 바로 하나님의 은혜가

있었기 때문입니다. 하나님이 함께하시면 사람이 살아갈 수 없는 광야에서조차 살아갈 수 있습니다.

이 말은 치매 환자를 돌보는 일이 아무리 고통스러워도 하나님이 함께해 주시면 감당할 수 있다는 의미입니다. 하지만 치매 환자를 돌보는 이들은 힘든 현실 앞에 자신과 함께하시는 임마누엘의 하나님을 잊어버릴 때가 많지요. 마치 광야에 있는 이스라엘 백성들이 어려운 일을 직면할 때마다 모세에게 끝없이 불평과 불만을 했던 것처럼 말입니다.

민수기 20장 2~5절을 보세요.

2 회중이 물이 없으므로 모세와 아론에게로 모여드니라
3 백성이 모세와 다투어 말하여 이르되 우리 형제들이 여호와 앞에서 죽을 때에 우리도 죽었더라면 좋을 뻔하였도다
4 너희가 어찌하여 여호와의 회중을 이 광야로 인도하여 우리와 우리 짐승이 다 여기서 죽게 하느냐
5 너희가 어찌하여 우리를 애굽에서 나오게 하여 이 나쁜 곳으로 인도하였느냐 이곳에는 파종할 곳이 없고 무화과도 없고 포도도 없고 석류도 없고 마실 물도 없도다

이렇게 이스라엘 백성은 끝없는 불평과 불만을 늘어놓았지만 출애굽기 16장 14~15절을 보면 하나님은 다음과 같이 은혜를 베푸

셨습니다.

> 14 그 이슬이 마른 후에 광야 지면에 작고 둥글며 서리 같이 가는 것이 있는지라
> 15 이스라엘 자손이 보고 그것이 무엇인지 알지 못하여 서로 이르되 이것이 무엇이냐 하니 모세가 그들에게 이르되 이는 여호와께서 너희에게 주어 먹게 하신 양식이라

출애굽기 13장 21~22절을 봐도 하나님의 은혜는 정말 끝이 없습니다.

> 21 여호와께서 그들 앞에서 가시며 낮에는 구름 기둥으로 그들의 길을 인도하시고 밤에는 불 기둥을 그들에게 비추사 낮이나 밤이나 진행하게 하시니
> 22 낮에는 구름 기둥, 밤에는 불 기둥이 백성 앞에서 떠나지 아니하니라

이 말씀들이 치매 환자를 돌보는 이들에게도 적용되기 위해서는 어떻게 해야 할까요? 바로 '아멘'으로 응답하면 됩니다. 이것이 진정한 의미의 믿음입니다.

하나님의 은혜로 가득한 성경 말씀을 기억하며 그 말씀에 '아멘'으로 순종할 때, 비로소 우리는 치매 환자를 돌보면서 만나와 메추라기를 먹을 수 있습니다. 하나님이 구름 기둥과 불 기둥으로 인도하시는 경험도 할 수 있습니다. 즉 어떤 상황에서도 우리는 지금 여기에서 나와 함께하시는 하나님의 현존을 체험할 수 있습니다.

4가지 광야

제1광야: 계속되는 상실

지금부터 치매 환자를 돌보는 이들이 경험하는 광야에 대해 구체적으로 살펴보겠습니다. 치매 환자를 돌보는 일은 힘들지만, 절망하고 낙망하기보다는 광야에서 이스라엘 백성을 인도하신 하나님을 기억하면서 우리도 돌봄의 과정에 하나님의 은혜를 구해야겠습니다. 치매 환자는 자신을 통제하고 조절하는 뇌의 기능이 점점 약해지기 때문에 자신이 할 수 있는 일들을 하나씩 상실하게 됩니다. 그러다 보니 순간순간 생각도 말도 행동도 뚝뚝 끊겨 버리는 일들이 자주 일어납니다.

예를 들어 외출해서 공중화장실에 갔다가 안에서 문을 잠근 뒤 열 줄을 몰라서 헤매기도 하고, 보이는 것이 전부라고 생각해서 옷장 문을 열 생각을 하지 못하고 자신의 옷이 없어졌다고 소동을 피우기도 합니다. 어느 날은 빨래한다고 세탁기를 돌리는데 세탁기에 세제를 한 통 다 부어버릴 때도 있지요.

이렇게 뇌 기능이 하나씩 상실됨에 따라 좌절스러운 일들이 일어나는 것을 지켜보면, 치매 환자를 돌보는 이들에게는 화보다는 무언가를 상실할 때 생기는 슬픔이 자리 잡게 됩니다. 그런데 매번 슬픔의 감정을 표현할 수 없으니 만성적인 우울증까지 더불어 생기겠지요. 처음에는 어느 정도 견디다가도 점점 감당하기가 힘들어집니다.

제2광야: 변화무쌍한 감정의 변화

치매 환자가 보이는 변화무쌍한 감정의 변화가 있습니다. 특히 변덕스러운 말과 행동, 괴팍하고 공격적인 행동들이 나타날 때는 돌보는 이들의 힘이 빠집니다.

어느 분은 "엄마, 간식 드세요." 하면서 사과를 깎아드렸더니 엄마가 느닷없이 사과 접시를 식탁 쪽으로 던져버렸답니다. 이런 낯선 모습을 내 배우자 혹은 내 부모의 모습이라고 인정하고 받아들이기는 쉽지 않습니다.

물론 뇌세포의 손상으로 기억력이 감퇴하고 통합적으로 사고하는 능력이 상실되어 그렇다고 머리로는 이해하지만, 그런 모습을 실제로 눈앞에서 대하게 되면 어이없고 화도 나면서 절망스러울 때가 많습니다. 혹은 기분 좋게 식사하고 이를 닦으러 가다가 욕실 앞에서 "왜 이를 닦아야 하냐?"라며 따지고 들거나 어린아이처럼 울어버릴 때는 정말 안타깝습니다.

찬양도 마찬가지입니다. 찬양을 좋아하신다고 해서 매번 부르려고 하시는 건 아닙니다. 때론 섬뜩할 정도로 강하게 거부하시기도 하죠. 또는 손을 잡아 드리려는데 갑자기 "저리 치워."라고 신경질적으로 말씀하시기도 하고 그렇게 말한 후에 3분도 지나지 않아서 "내가 언제 그렇게 말했냐?"라며 되레 상대방을 이상한 사람으로 만들어 버리기도 합니다.

어느 분은 주간보호센터에 다녀오신 엄마에게 "엄마, 오늘은 센터에서 어떻게 지내셨어요?"라고 물었더니 "내가 가긴 어딜 가? 여기서 종일 TV 보고 있잖아." 하고 말하셨다고 합니다. 이럴 때 더욱 힘든 것은 항상 이런 식은 아니라는 겁니다. 때론 너무 말짱하시죠. 그것도 누군가 방문했을 때는 "잘 갔다 왔어요. 재밌었어요."라고 하니까 정말 황당한 노릇이라고 합니다.

제3광야: '고집불통'의 캐릭터

치매 환자를 돌보는 이들이 힘든 또 한 가지 이유는 치매 환자가 종종 자신의 실수를 인정하지 않으려고 하기 때문입니다.

이를테면 치매 환자가 봉투에 있던 돈이 없어졌다고 해서 찾아보니 금세 옷장 서랍에서 현금 5만 원이 나왔습니다. 이때도 "거봐요. 여기 있잖아요. 엄마가 잘못 두신 거예요."라고 하면 "난 여기 놔두지 않았어. 봉투에 넣어두었지."라고 하시면서 자신의 실수를 절대로 인정하지 않습니다.

이런 건 아마도 자기 자신을 보호하려는 본능적인 행동이라 볼 수도 있을 겁니다. 물론 이런 일이 벌어진 이유는 아들이 준 용돈을 나름대로 잘 보관하기 위해 봉투에서 꺼내 옷장 서랍에 둔 것인데요. 정작 본인은 그것을 기억하지도 못하고 또 합리적으로 사고할 수도 없으니 그렇게 우기실 수밖에 없는 겁니다.

따라서 우리는 치매 환자의 잘못된 생각을 교정시킬 수도 없지만, 치매 환자와 옳고 그름의 문제로 다투는 것은 시간 낭비일 뿐 아무 의미가 없다는 것을 인지해야 합니다. 그러니까 이때도 "엄마, 여기 있네요. 이제 마음이 놓이시죠."라는 식으로 말하면 상황이 부드럽게 넘어갈 수 있습니다. 하지만 누구라도 실제 상황에 부닥치면 그렇게 말하기가 쉽지 않습니다.

제4광야: 남에게 폐를 끼치는 행동들

마지막으로 치매 환자들이 보이는 이상행동들이 다른 사람에게 민폐를 끼칠 때 돌보는 이들은 힘이 듭니다.

저의 엄마의 경우 한동안 12층 베란다에서 뭐든지 밖으로 버리는 행동을 하셨습니다. 자신의 핸드폰도 버리고, 먹고 난 두유 팩도 버리고, 심지어는 딸의 안경까지 베란다 밖으로 다 던져버렸습니다. 그런 행동들로 가족도 불편함을 겪고 물건을 새로 사야 하는 것들도 많았지만, 무엇보다 민원이 발생하는 게 힘들었습니다.

물론 엄마에게 물어 보면 다 그럴만한 이유가 있었지요. 그런 와중에도 오줌에 젖은 속옷은 검은 봉지에 넣어서 뒤 베란다 창문 밖으로 던지고 계셨고요. 자신이 소변 실수를 한다는 사실을 용납할 수가 없으셨거든요.

이상행동들은 그 사람이 살아온 삶의 역사에 따라 그 양상과 정도가 다르기 때문에 정해진 대처요령은 없습니다. 그저 그들의 행동을 이해하며 받아줄 때 조금씩 잦아들고 사라지는 것을 봅니다.

상황이 이렇다 보니 치매 환자를 돌보는 이들의 일상은 그야말로 광야가 아닐 수 없습니다. 광야에서는 하루하루만 살아가야 하지요. 그러니 계획을 세울 수도 없고, 또 내 마음대로 할 수 있는

게 거의 없습니다. 치매 환자를 돌보는 일도 마찬가지입니다. 하나님만 바라보면서 치매 환자를 돌볼 뿐입니다. 마치 광야에서 이스라엘 백성들이 그랬듯이 하나님만 붙들 수밖에 없습니다. 그럴 때 하나님은 은혜를 베푸십니다.

치매인 엄마가 자신을 돌보는 딸의 마음을 몰라주고 아무리 힘들게 해도 딸은 다시금 마음을 추스르고 엄마를 돌보게 되잖아요. 하물며 하나님은 어떠실까요? 하나님은 내가 아무리 힘들다고 불평해도 끝까지 나와 함께하시며 은혜를 베푸십니다.

주님 앞에 서는 날, 치매 환자를 돌본 이들이 듣게 되는 말

어느 날 밤, 어떤 사람이 꿈을 꾸었습니다. 주님과 함께 해변을 걷고 있는 꿈이었습니다. 그는 모래 위에 난 두 사람의 발자국을 보았습니다. 하나는 그의 것이고 다른 하나는 주님의 것이었습니다. 그런데 어느 순간, 한 사람의 발자국만 남았습니다. 자기 인생을 추억해 보니 그때는 자기가 가장 어렵고 고통스러운 시기였습니다. 섭섭한 마음이 든 그는 주님께 물었습니다.

"주님 제가 당신을 따르기로 했을 때, 늘 저와 함께하겠다고 약속하셨잖아요. 그런데 제가 당신을 가장 필요로 하는 순간에 당신은 어디 계셨나요?"

그러자 주님이 말씀하셨습니다.

"사랑하는 자녀야, 나는 너를 결코 버려둔 적이 없다. 시련과 고통의 순간에 네가 보았던 그 발자국은 힘들어하던 너를 업고 걸었던 내 발자국이었단다."

설교 중에 종종 듣는 메리 스티븐슨(Mary Stevenson)의 「모래 위의 발자국」이라는 시의 내용입니다. 하나님과 함께하는 광야 생활이 이런 모습이겠죠. 하나님은 항상 우리와 함께하십니다. 단지 우리가 잊어버릴 뿐입니다.

이렇게 하나님을 믿고 따르면 하나님은 지금 여기에서만 함께하시는 것이 아니라 훗날 주님 앞에 서는 날, 치매 환자를 돌본 이들에게 이렇게 말씀하실 겁니다.

"내가 자꾸 잊어버려서 혼란스러워할 때
네가 부드럽게 안아주어서 고맙다.
매번 밥 먹고 옷 입고 씻는 일을 도와줘서 고맙다.
똑같은 질문을 수없이 해도 친절하게 대답해 주었고
엉뚱한 요구와 성냄, 그리고 황당한 행동에도
잘 참아주었다.
무엇보다 나에게 생명 같은 시간을 내어주어서 고마워."

마태복음 25장 34~40절에서 예수님이 이렇게 말씀하셨기 때문입니다.

³⁴ 그때에 임금이 그 오른편에 있는 자들에게 이르시되 내 아버지께 복 받을 자들이여 나아와 창세로부터 너희를 위하여 예비된 나라를 상속받으라

³⁵ 내가 주릴 때에 너희가 먹을 것을 주었고 목마를 때에 마시게 하였고 나그네 되었을 때에 영접하였고

³⁶ 헐벗었을 때에 옷을 입혔고 병들었을 때에 돌보았고 옥에 갇혔을 때에 와서 보았느니라

³⁷ 이에 의인들이 대답하여 이르되 주여 우리가 어느 때에 주께서 주리신 것을 보고 음식을 대접하였으며 목마르신 것을 보고 마시게 하였나이까

³⁸ 어느 때에 나그네 되신 것을 보고 영접하였으며 헐벗으신 것을 보고 옷 입혔나이까

³⁹ 어느 때에 병드신 것이나 옥에 갇히신 것을 보고 가서 뵈었나이까 하리니

⁴⁰ 임금이 대답하여 이르시되 내가 진실로 너희에게 이르노니 너희가 여기 내 형제 중에 지극히 작은 자 하나에게 한 것이 곧 내게 한 것이니라 하시고

02

나를 돌보는 만큼
치매 환자를
돌볼 수 있습니다

딱딱한 '얼음'에서
부드러운 '물'이 되는 여정

앞에서 여러 번 언급한 것처럼 우리에게는 하나님의 형상이 깃들어 있습니다. 하지만 하나님을 믿는 신앙인들에게는 이것이 끝이 아니죠. 우리 신앙인들은 이 땅에 살면서 성령님의 도우심으로 예수 그리스도의 형상에 이르기까지 날마다 나아가야 합니다.

비유컨대 지금은 딱딱한 '얼음' 같은 모습일지라도 하나님의 형상인 '물'처럼 어떤 그릇에도 담길 수 있게 부드러워지는 것이 바로 그리스도의 형상에 이르는 것이고, 그렇게 되도록 우리는 끊임없이 예수 그리스도를 닮아가야 합니다.

가나안을 눈앞에 둔 상태에서 이스라엘 백성이 40년이나 광야 생활을 한 것처럼, 치매 환자를 돌보는 일은 영적 성숙의 과정 즉 얼음이 물로 바뀌는 과정 중에 일어난 일이라고 할 수 있습니다.

하지만 한 가지 기억할 것은 영적으로 성숙하다는 것이 나는 없고 다른 사람들을 위한 희생만 있는 것을 의미하는 건 아니라는 사실입니다.

하나님을 닮아가는 영적 성숙에 대해 중세 수도사인 버나드(St. Bernard of Clairvaux)는 하나님의 형상은 하나님이 우리에게 주신 것이지만 '내' 안에 깃들어 있기에 하나님의 형상을 추구하며 하나님을 사랑하는 것은 곧 '나' 자신을 사랑하는 것이라 할 수 있다고 말합니다.

사랑의 4단계

버나드는 사랑의 4단계를 제시하면서 우리의 영성 생활이 마지막 단계인 '하나님을 위해 자기를 사랑하는' 성숙한 사랑을 향해 나아갈 것을 주장합니다.

먼저 사랑의 1단계는 자기의 유익을 위하여 자기를 사랑하는 단계입니다. 즉 하나님을 바라보지 않고 자신만을 바라보는 것으로 하나님을 모르는 일반인의 삶을 말합니다. 어린아이처럼 자기에게만 관심이 있지요. 그렇지만 1단계는 사랑의 기본 토대가 됩니다. 왜냐하면 자신을 사랑할 수 없는 사람은 생존해 갈 수도 없을 뿐만 아니라 다른 사람도 사랑할 수 없기 때문입니다.

사랑의 2단계는 자기의 유익을 위하여 하나님을 사랑하는 단계입니다. '제사보다는 제삿밥에 관심이 있다'든지 '할아버지, 할머니보다 세뱃돈 봉투에 더 관심이 있다'는 말처럼, 흔히 이런 사랑을 '어린아이 신앙'에 비유하죠. 『아낌없이 주는 나무』에서 어린 소년이 나무를 사랑하지만 항상 나무에게서 무언가를 얻어갈 궁리만 하는 것과 같습니다. 겉으로는 하나님을 사랑하는 것 같지만 실상은 하나님의 도움만 기대하고 구하는 기도만 하는 단계이죠.

마치 퇴근하고 오시는 아버지는 보이지 않고 아버지 손에 무엇이 들려 있는지에만 관심이 있는 아이처럼, 하나님은 보이지 않고 하나님이 주시는 선물에만 관심이 있습니다. 하나님을 믿기는 하지만, 하나님을 믿는 궁극적 목적은 자기 자신이라고 할 수 있습니다. 물론 그런 마음을 가졌을지라도 하나님은 하나님 앞에 나오는 것을 좋아하시지만요.

사랑의 3단계는 하나님의 유익을 위하여 하나님을 사랑하는 단계입니다. 철이 들면 퇴근한 아버지의 손에 들린 선물이 아니라 종일 힘겹게 일하고 오신 아버지가 보이듯이, 하나님이 주실 선물이 아니라 비로소 하나님께 초점이 맞춰집니다. 나아가 하나님을 경험하게 되면서 하나님을 더욱 깊이 알게 되고 그래서 하나님과 친밀한 교제를 나누며 하나님을 위해 헌신하는 단계입니다.

하지만 문제도 있습니다. '세상과 나는 간곳없고 구속한 주만 보이도다'라는 찬송가 가사처럼(새찬송가 288장) 자신과 주변은 미처 보지 못하고 하나님만을 바라보기 때문입니다. 그래서 나 자신과 가족을 잘 보살피지 못합니다. 사람은 말씀도 필요하지만, 떡도 있어야 합니다. 그러기 때문에 세상은 안 보이고 나도 필요 없는(자기 돌봄이 없는) 열광주의적 신앙이 되면 그것이야말로 큰 문제입니다.

사랑의 4단계는 하나님을 위해 자기 자신을 사랑하는 단계입니다. 다시 말해 하나님의 형상은 하나님이 주신 것이기에 하나님께 속한 것이고 동시에 '내' 안에 깃들어 있기에 '나'의 것이기도 합니다. 따라서 하나님 형상을 주신 하나님을 사랑하는 일과 하나님 형상을 담고 있는 '나'를 사랑하는 일은 서로 분리될 수 없고 또 분리되어서도 안 되죠. 버나드는 이것을 가장 아름다운 사랑이라고 말합니다.

결국, 마지막 단계는 하나님과 나의 구분이 없는 단계로서 하나님의 시선으로 자신을 바라볼 것을 요구합니다. 창세기 1장 31절에도 "하나님이 지으신 그 모든 것을 보시니 보시기에 심히 좋았더라"라고 나와 있으니, 이런 하나님의 시선으로 자신을 바라봐야 합니다.

그런 이유로 우리는 치매 환자뿐만 아니라 나 자신도 정성껏 돌보아야 합니다. 치매 환자를 돌보고 있는 나 자신을 사랑해야 하는 또 한 가지 이유는 내가 나를 돌보고 사랑하는 그만큼 우리는 다른 사람을 사랑할 수 있기 때문입니다.

요즘은 자기 돌봄 프로그램(PTC=Powerful Tools for Caregivers, 돌보는 이들을 위한 전문 치유 프로그램)이 널리 권장되고 있는데, 이것은 아픈 가족을 돌보는 이들을 위한 프로그램입니다. 남을 돌보느라 정작 자신을 돌보지 못한 사람들이 앞으로는 자신을 더 잘 돌보기 위해 저마다의 경험을 나누고, 자기 돌봄의 중요성을 깨닫는 시간을 갖는 것이죠. 그렇다면 치매 환자를 돌보는 힘든 상황 속에서 어떻게 해야 나 자신을 잘 돌볼 수 있을까요?

내 욕구 알아차리고 쌓인 감정 털어내기

먼저 내 안에 어떤 욕구가 있는지를 살펴서 충족시켜줄 뿐만 아니라 쌓인 감정을 털어낼 수 있도록 하루 정도 쉼을 가지는 것입니다. "아니 하루씩이나 쉬라니, 그럼 치매 환자는 어떻게 하라고?"라고 말할 수도 있습니다. 하지만 쉼은 일을 더 잘하기 위한 충전의 시간입니다. 어떤 누구도 어떤 물건도 영원토록 지속하는 건 없습니다. 충전의 시간이 필요합니다.

온전히 충전할 수 있도록 도와주기

G 교회가 있습니다. 그 교회에는 발달장애아 부서도 있고 또 그 아이들의 부모들로 이루어진 구역도 있습니다. 그 구역의 구역장인 S 권사님은 일주일에 하루 발달장애아들을 봐주십니다. 그러면서 아이 엄마들이 영화도 보고 바람도 쐬고 하루 동안은 자기가 하고 싶은 것들을 맘껏 하도록 격려하십니다.

S 권사님이 참으로 지혜로우실 뿐만 아니라 발달장애아 엄마들을 진심으로 배려하신다는 생각이 들었습니다. 왜냐하면 내가 하루 봉사함으로써 다른 사람이 생명 같은 쉼을 가질 수 있다면 그것처럼 값진 일도 없을 것이기 때문입니다.

저의 경우 제가 3일, 동생이 4일 이렇게 돌봐드리는데, 엄마에게 가지 않는 4일 중 하루는 일로 외출을 해야 했습니다. 저에게 그날은 잠시 일도 했지만, 온전히 저를 위한 충전의 시간이었습니다. 그날은 일부러 멋도 부리고 한 끼 식사도 맛나게 먹고 때로는 친구도 만나서 쌓인 감정도 풀어냈습니다.

이런 나만의 쉼을 갖는 것은 전적으로 치매 환자를 돌보는 경우뿐 아니라 3일만 돌보거나, 저녁 혹은 주말만 돌보는 경우에도 예외없이 모두에게 필요합니다. 물론 단순히 하루를 빼내어 기분 전환을 하는 것에서 한발 더 나아가, 치매 환자인 부모나 배우자를 돌보는 일이 끝났을 때 앞으로 자신이 할 일과 연결 지어 시간을 활용하는 것도 좋습니다.

삶의 가장 큰 에너지원은 '하나님과의 교제'

다음으로 나를 돌보고 사랑하는 방법은 매일 기도 시간을 갖는 것입니다. 기도는 하나님께 아뢰고 또 듣는 시간으로서 하나님은 우리 인생에서 필요한 것들을 제공하는 원천이 되십니다. 매일 정해진 시간에 그것도 일과를 시작하기 전에 격식을 갖춰 기도하면 좋겠지만, 어떤 방식이든지 괜찮습니다.

이를테면 내가 숨 쉬고 있음을 의식하며 주님을 생각하는 것도 기도입니다. 내게 호흡을 주시는 분은 하나님이시기에 수시로 내가 나의 호흡을 의식하는 것은 나에게 생명이 있음을 느끼며 이 생명을 주신 하나님께 주의를 두는 것이기 때문입니다. 이처럼 잠시 나의 호흡을 의식하며 고통스러운 마음과 잡념에서 벗어나는 것만으로도 하나님의 현존 앞에서 머무르는 행위이자 기도가 될 수 있다고 생각합니다. 이것만으로도 치매 환자를 돌보는 힘든 상황 속에서 무너져 내리지 않고 버텨내는 힘이 됩니다.

"호흡이 있는 자마다 여호와를 찬양할지어다 할렐루야"(시편 150:6).

물론 잠시라도 시간을 내어서 부르짖어 기도하거나 말씀을 묵상하면 더 좋습니다. 이때 내가 돌보는 치매 환자로부터 그동안 받은 고마운 점들을 떠올려 보는 것도 좋습니다. 우리가 치매 환자를 돌볼 때는 대개 배우자나 부모로부터 받은 사랑을 잊지 못해 돌봄을 감당하는 경우가 많습니다. 배우자나 부모님인 치매 환자로부터 받았던 고마운 점들을 생각한다면 아마 끝도 없이 떠오를 겁니다. 그러면 현재 치매 환자를 돌보는 일이 힘들어도 다시금 기쁘고 감사한 마음으로 감당할 수 있게 됩니다.

셀 수 없을 정도로 많은 기도의 방법들이 있지만 지금 여기 나와 함께하시는 하나님의 임재하심을 믿고, "주님" 하고 부르기만 해도 좋은 기도라 생각합니다. 자녀가 "아빠" 혹은 "엄마"라고 부르기만 해도 부모는 자녀의 마음을 아는 것처럼, 그렇게 주님을 부르기만 해도 하나님은 우리의 마음을 다 아시고 우리와 함께하십니다.

'환대'는 존중하는 마음을 행동으로 보여주는 것

이처럼 치매 환자를 돌보는 이가 적극적으로 나서서 충전의 시간을 가질 수도 있지만, 돌보는 이들 대부분은 그러기가 쉽지 않습니다. 믿기 어렵지만 형제자매의 이해를 받는 것도 녹록지 않을 때가 있고 또 스스로가 만든 주관적 죄책감이 원인이 되기도 합니다.

한 가지 행동을 보고 평가해버리는 다른 사람들의 시선도 무시하기가 쉽지 않고요. 그래서 주변의 가까운 이들이 먼저 다가가 도움을 주는 것도 좋은 방법입니다. 예를 들어 한 번씩 밑반찬이나 맛있는 걸 만들어 치매 환자를 돌보는 이들에게 선물하는 것입니다. 아니면 원하는 책들을 도서관에서 빌려다 주고 또 반납해 주는 식으로 형편과 취향에 맞게 도움을 주는 것도 좋습니다.

저의 경우 엄마의 치매가 점점 심해지니까 미장원에 가서 머리를 자르기도 어려운 상황이 되었습니다. 고민하다가 미용실에 전화를 걸어 원장님께 출장을 부탁드렸지요. 사실 이런 미용 기술로 봉사를 하고 싶어도 잘 몰라서 못 하시는 분도 있습니다. 때문에 치매 환자 가족에게 어떤 도움이 필요한지 물어 보고 필요한 것들을 제공한다면, 비록 사소해 보이는 것일지라도 치매 환자 가족들에게는 큰 힘과 위로가 될 겁니다.

우리 모두 다른 사람들을 섬기며 대접하는 삶, 즉 '환대하는 삶'을 꽃피워서 힘든 처지에 있는 치매 가족을 도울 뿐만 아니라 우리의 신앙이 머리에만 머물러 있지 않고 삶으로 드러나면 좋겠습니다.

'가족지지 모임'에 참여하기

 치매 환자 가족들이 위로와 공감을 통해 다시금 치매 환자를 돌볼 가장 큰 힘을 얻는 곳은 각 구청 보건소 내에 있는 치매안심센터라고 합니다. 이곳에서는 치매 검사를 비롯해 등급을 받고 각종 서비스를 이용하는 방법들을 자세히 설명해 줍니다. 그런 것들과 더불어 치매 환자를 돌보는 이들에게 필요한 특강과 '가족지지 모임'도 갖고 있죠.

 동병상련이라는 말처럼 서로 상황이나 처지가 비슷한 사람들끼리 만나니 위로와 공감의 효과가 두 배로 커지는데, 무엇보다도 이런 고통과 어려움을 겪는 사람이 나 혼자가 아니라는 사실에 크게 위안을 받는다고 합니다.

 예컨대 딸이 치매 환자를 모시고 살면 여러가지 힘든 점이 많이 있을 텐데 딸만큼이나 사위도 힘든 점이 있을 것입니다. 그래서 어떤 가족지지 모임에서는 그런 상황에 부닥쳐있는 사위들이 함께 만나기도 합니다.

　치매안심센터 내에 있는 '가족지지 모임'만큼이나 교회 공동체도 치매 환자 가족들에게 위로와 공감, 그리고 그들의 필요를 채워줄 수 있는 곳입니다. 교회 공동체는 그 공동체의 크기에 상관없이 주님의 이름으로 어려운 처지와 형편에 있는 사람들을 도우려는 마음들이 모인 곳이기 때문입니다.

구원이라는 복음에서 복음을 살아내는 공동체로

지금까지 살펴보았듯이 교회 공동체가 치매 환자와 그 가족들을 위해 할 일과 할 수 있는 일들은 많습니다. 따라서 교회가 적극적으로 나서서 그들을 섬기며 신앙을 실천해 갈 때 교회는 '구원이라는 복음'에서 한 걸음 더 나아가 '복음을 살아내는 공동체'로 나아갈 수 있을 겁니다.

교회 규모가 크면 체계적인 시스템을 통해, 또 교회 규모가 작으면 봉사부에서 이런 일을 담당할 수 있습니다. 아니면 성도들이 서로의 어려움을 터놓고 나누는 것도 좋겠지요. 우리는 하나님의 형상이 깃든 하나님의 자녀들이니 지체들을 향한 뜨거운 마음만 있으면 방법은 다각적으로 모색해볼 수 있을 겁니다.

'기쁨은 나누면 배가 되고 슬픔은 나누면 반이 된다'라는 말처럼, 치매 환자를 돌보며 힘든 감정들을 마음속에 꾹꾹 눌러만 두지 말고 가까운 누군가에게 표현하면 어떨까요? 자기 자신을 돌보고, 내가 직접 치매 환자를 돌보고 있지는 않더라도 치매 환자를 돌보는 이들에게 관심을 두고 그들의 필요를 살펴서 사랑을 베푼다면 그것이 바로 하나님이 원하시는 세상이 아닐까 생각해봅니다.

치매지만
하나님께
사랑받고 있습니다

03

하나님은 내 인생의
공동 저자이시다

하나님과 함께 써 내려가는
나의 인생 이야기

　지금까지 살펴보았듯이 치매 환자를 돌보는 일이 아무리 고통스럽고 힘들지라도, 광야를 거쳐 이스라엘 백성을 가나안으로 인도하신 하나님과 은혜를 기억하면 우리는 다시 힘을 낼 수 있습니다. 우리는 이스라엘 백성과 맺은 언약을 지키신 하나님이 지금도 나와 함께하신다는 믿음을 가지고 인생을 살아야 합니다.

　우리의 인생을 한 권의 책을 써 내려가는 것으로 비유한다면 그 책의 저자는 나와 하나님 두 명입니다. 즉 우리는 매일 나 혼자가 아니라 하나님과 함께 나만의 이야기를 엮어갑니다. 그럴지라도 하나님은 우리에게 자유의지를 주셨기에 우리의 인생은 매 순간이 내가 하는 선택의 연속입니다.

　오늘 점심에는 무얼 먹을까부터 시작해서 직장을 택하고 배우자를 선택하는 일들에 이르기까지 선택해야 할 것도 많고 또 선택의 여부에 따라 우리의 인생 이야기는 많이 달라질 수 있습니다. 그래서 선택의 순간마다 우리는 망설여지며 때로는 혼란스럽기까지 합니다.

하지만 우리 안에 계신 성령님이 우리를 도와주십니다. 성령님은 어떤 일을 하기 전에 내 마음을 살펴보게 하시고 때로는 내 마음에 감동을 주셔서 어떤 일을 실행하게 하십니다. 너무 지치고 힘들 때는 마음의 평안을 주시기도 하지요.

이 세상이라는 연극무대의 연출자, 하나님

또 한 가지 기억해야 할 사실은, 하나님은 우리를 위해 이 세상을 만드신 것이 아니라 하나님을 위해 이 세상을 창조하셨기에 출생 배경이나 외모 혹은 재능처럼 '나'라는 사람이 가진 조건들이 내가 원하는 것과 다를 수 있다는 것입니다. 마치 토기장이가 그릇에 묻고 그릇을 빚어가는 것이 아닌 것처럼요.

이 땅의 모든 것은 창조주 하나님의 섭리와 주권에 달려 있습니다. 그러니 내가 가진 조건들이 어떻든 다른 누구의 것과 비교할 필요가 없습니다. 중요한 것은 하나님이 나와 함께하신다는 사실입니다. 이 세상이라는 연극무대의 연출은 하나님이 하십니다. 연극의 내용에 맞게 배역이 주어지듯이 하나님은 자신의 창조 드라마의 내용에 맞게 연출하십니다. 물론 우리는 모두 연극의 주인공이 되고 싶어 합니다. 하지만 주인공이 되어야만 중요한 역할을 하는 것은 아닙니다. 연극에서는 배우들이 자신만의 캐릭터를 어떻게 소화해 내느냐에 따라 얼마든지 돋보일 수 있고 또 의미를 가집니다.

다시 말해 우리 각자에게 주어진 조건들을 하나님과의 관계 속에서 어떻게 다듬고 또 변화시켜 나가느냐가 관건입니다. 때로는 연출가가 단독으로 혹은 배역을 맡은 당사자와 의논하여 배역들을 바꾸듯이, 살아가면서 하나님도 그렇게 우리가 맡은 역할들을 바꾸기도 하십니다.

내가 바꿀 수 없는 조건들이
나의 사명이 될 수 있다

　또한 퍼즐에서 한 조각이라도 없으면 안 되는 것처럼, 우리는 모두 이 세상이라는 퍼즐의 한 부분으로서 한 사람이라도 없으면 하나님이 만드신 창조 드라마는 펼쳐질 수 없습니다.

　따라서 우리는 내가 원하는 것을 하나님께 간절히 구해야겠지만 한편으론 나에게 주어진 것, 즉 내가 바꿀 수 없는 조건들을 순종하는 마음으로 받아들여야 합니다. 어쩌면 그것이 진정한 믿음이고 그 바꿀 수 없는 조건이 나의 사명이 될 수 있습니다. 믿음은 내가 원하는 것이 무조건 이루어지리라고 믿는 것이라기보다는 하나님의 말씀에 의지하여 내게 주어진 환경들을 받아들이는 것이기 때문입니다.

　그러므로 이 세상이라는 연극무대에서 우리 각자에게 주어진 배역은 어느 것이 더 좋으냐 나쁘냐 혹은 더 높으냐 낮으냐를 따질 필요가 없습니다. 우리에게 주어진 배역의 의미는 이 세상을 구속하시려는 하나님의 선하신 목적에 내가 어떤 식으로 참여하고 순종하느냐에 달려 있습니다.

나아가 이 땅에 살면서 나의 삶, 특별히 내가 경험한 것들을 구속사적 관점에서 해석하는 것이 무엇보다 중요한데, 그것이 삶의 의미 즉 내가 이 세상에 태어난 목적으로 이어지기 때문입니다. 여기서 '내가 경험한 것들'에는 내가 원하고 노력해서 성취한 일들뿐만 아니라 원치 않게 주어진 삶의 고난이나 고통도 포함합니다. 따라서 살아가면서 복음에 비추어 자신의 삶을 잘 해석해야 합니다. 삶의 고비마다 해석을 어떻게 하느냐에 따라 삶의 의미가 다르게 부여되기 때문입니다.

특별한 삶의 의미 부여하기

예컨대 자폐아 동생이 태어나서 온 가족이 힘들어할 때, 누군가는 동생과 함께 다니는 것조차 창피하게 생각하며 자신이 처한 상황에 낙심하고 절망할 수 있습니다. 하지만 어떤 이는 그 상황을 다르게 해석할 수도 있습니다. 동생으로 인해 정신과나 사회복지학에 관심을 갖고 진학하려는 동기를 부여받는 것입니다. 그렇다면 지금까지와 전혀 다른 삶을 살아가는 전환점이 될 수도 있지요.

자신에게 특별한 삶의 의미를 부여해 주기도 하고요.

좋은 해석으로 자신의 삶에 의미를 부여한 사례를 한 가지 소개하고자 합니다. 현재는 혼자 사시지만 평생 남편은 술에 찌들어 살았고 젊어서는 홀시어머니를 모셨으며, 60세가 넘도록 다섯 명이나 되는 자식들을 먹이고 가르치느라 힘겹게 살아온 80대 중반의 권사님이 계십니다. 이 권사님 편에서 볼 때 자식들이 효도를 잘하는 것도 아닙니다. 그럴지라도 권사님은 늘 행복해하십니다. 이유가 뭘까요? 삶의 의미를 찾았기 때문입니다. 시집와서 교회에 다니며 신앙생활을 하게 되었고, 그 사실 하나만으로도 이 권사님은 자신의 존재 이유를 충분히 찾을 수 있었습니다. 그리고 그 사실은 지금까지 권사님을 지탱해 주는 힘이 되고 있죠.

삶의 의미를 발견하는
3가지 방법

삶의 의미를 발견하는 과정을 통해 우리는 '자신의 존재가 가치 있게 여겨지는 경험'을 하게 됩니다. 의미요법의 창시자인 빅터 프랭클은 인간이 삶의 의미를 발견하는 방법으로 세 가지를 제시했습니다. 바로 창조적 가치와, 경험적 가치, 그리고 태도적 가치를 실현하는 것입니다.

창조적 가치

첫 번째는 창조적 가치입니다. 자신만의 작품이나 일을 만들어 내는 것을 의미합니다. 즉 일을 수행하면서 어떤 행위를 통해 삶의 의미를 발견하는 것이라 할 수 있습니다. 나아가 창조적 가치는 그 일을 내가 해야 할 일 즉 나의 사명이라고 인식함과 더불어 창조적 행위를 통해서 세상에 뭔가 가치 있는 걸 내놓으려고 합니다.

빅터 프랭클도 나치의 포로 강제 수용소 생활에서 창조적 가치를 통해 삶의 의미를 발견했습니다. 다시 말해 프랭클은 수용소 생활 중에 자신이 연구하고 집필하던 원고를 빼앗기는 절망적인 일을 겪었지만, 이에 주저하거나 포기하지 않고 오히려 버려진 종잇조각에 다시금 원고를 작성하여 완성하는 놀라운 집념을 보여주었습니다. 극악한 수용소 생활에도 불구하고 자신의 원고를 완성하는 일이 프랭클에게는 계속 살아가야 하는 목적인 삶의 의미가 된 것입니다.

경험적 가치

두 번째는 경험적 가치입니다. 경험적 가치는 자신이 창조한 것이 아닌, 타인이 창조해 놓은 것에 경험적으로 참여함으로써 갖게 됩니다. 이를테면 음악을 사랑하는 한 사람이 훌륭한 교향곡의 아름다움에 도취하는 체험을 했다면, 그는 그 순간의 체험만으로도 인생은 살 가치가 있다고 느끼게 된다는 겁니다.[11]

특별히 이런 경험을 '절정경험'이라고 하는데, 한순간이 전 인생을 의미로 넘치게 할 수 있다고 말할 수 있습니다. 프랭클도 아우슈비츠에 포로로 잡혀 있는 동안 끔찍한 환경을 잊을 수 있었던 건 바로 예술과 자연의 아름다움을 체험했기에 가능했다고 합니다.

경험적 가치는 자연이나 예술의 경험뿐 아니라 누군가를 사랑함으로써 실현되는 가치이기도 합니다. 어떤 사람을 사랑함으로 인해 삶이 의미를 찾을 수 있다는 겁니다. 예컨대 프랭클은 중증 장애아를 키우고 있는 한 어머니가 자신의 아이를 '신처럼 높여 소중히 여겼고 사랑했다'라는 이야기를 인용하고 있습니다.

치매 환자를 돌보는 일도 마찬가지입니다. 치매 환자를 돌보는 일은 힘들고 때로는 고통스럽기까지 합니다. 하지만 고통 중에도 기쁨이 있습니다. 치매 환자와 함께하는 시간을 통해 얼마든지 정서적 교류가 가능한데, 그런 정서적 교류를 통해서 치매 환자를 사랑하고 있다고 느낀다면, 이것이야말로 최고의 경험적 가치이고 이 경험적 가치를 통해 우리는 삶의 의미를 찾을 수 있습니다.

엄마만의 사랑법

엄마를 모시기 위해 요양원을 개원하게 됐다는 어느 원장님이 그러셨어요. 치매인 엄마가 딸을 만나면 "안녕하세요?"처럼 늘 하시는 인사가 있는데 바로 "밥 먹었나?"라고 합니다. 이분에게 이 말은 '엄마만의 사랑법'이어서, 이 말을 들으면 엄마를 돌보는 일이 힘들지 않고 오히려 자신의 삶이 의미로 충만해진다고 하네요.

태도적 가치

세 번째는 태도적 가치입니다. 태도적 가치란 인간이 겪을 수밖에 없는 고통이나 죽음을 통해 삶의 참다운 의미를 발견하는 겁니다. 즉 '바꿀 수 없는 어떤 운명'에 직면했을 때 그 운명에 대해 스스로 어떤 태도를 보일지를 어떻게 선택하느냐에 따라서 실현되는 가치가 바로 태도적 가치입니다. 태도적 가치는 한 인간이 자신의 운명에 대하여 그것을 받아들이기 힘든 상황에서 생겨난다고 할 수 있습니다. 다시 말해 우리는 전혀 희망이 없는 극한 상황에서도 내가 어떤 태도를 보이느냐에 따라 삶의 의미를 발견할 수 있습니다. 이런 이유로 태도적 가치를 창조적 가치나 경험적 가치보다 높은 곳에 두기도 합니다.

배우자나 부모에게 치매가 왔다는 사실은 삶이 통째로 흔들리는 경험이기도 합니다. 어떤 목표도 없이 그저 하루하루를 살아야 하는 상황으로 내몰리는 것 같다고 할 수 있을 겁니다. 하지만 이런 상황이야말로 우리에게 태도적 가치가 요구되는 상황입니다. 왜 나에게 이런 고난을 주셨냐고 울부짖기보다, 또 이 상황을 논리적으로 이해하려고 애쓰기보다 신실하신 하나님을 믿고 이 고난과 역경을 복음에 비추어 잘 해석하면 얼마든지 삶에서 의미를 찾을 수 있습니다.

하나님은 우리의 고통스러운 경험들까지 사용하신다

　하나님의 목적은 세상을 구원하시고 나아가 우리 한 사람 한 사람이 그리스도의 형상에 이르기까지 성장해가는 것입니다. 하나님은 그 선한 목적에 우리가 가진 하나님을 향한 갈망, 재능, 노력, 재물 나아가 허물 많은 모습과 고통스러운 경험들까지 사용하시죠.
　예전에는 저도 제가 원하고 계획하는 것들이 중심이 되어 그것들이 이루어지도록 기도했습니다. 내 뜻을 위해 하나님이 움직여주시고 기적을 베풀어주시도록 기도하면서 이 모든 것들이 하나님의 영광을 위한 것이라고 주장했습니다.
　하지만 구속사적 관점에서 나를 해석한다는 건 하나님이 나를 중심으로 일해가시는 것이 아니라, 하나님의 구속 이야기 즉 그분의 계획 안에 나의 삶이 들어간다는 걸 인정하는 것입니다. 그렇게 되면 살면서 배우자나 부모에게 치매가 찾아오는 것 같은 고난과 역경이 닥쳐도 시련을 버텨나갈 수 있는 믿음이 생겨납니다.

지금 이 책을 읽고 있는 분들은 자신에게 주어진 삶, 더 구체적으로 말해 개인적으로 겪는 고난과 역경을 복음 안에서 어떻게 바라보시는지요? 이 질문에 답을 하는 건 아주 중요합니다. 나의 고난과 역경을 복음 안에서 어떻게 바라보느냐에 따라 삶이 의미로 충만해지기도 하지만, 무엇보다 바로 그곳에서 자신의 소명을 발견할 수 있기 때문입니다.

예를 들어 두 명의 요양보호사가 있다고 합시다. 한 명은 치매를 앓다가 돌아가신 어머니를 생각하며 치매 환자분들을 그리스도의 사랑으로 돌보려고 합니다. 다른 사람은 단순히 돈을 벌기 위한 수단으로 요양보호사 직업을 택했습니다. 이들은 같은 직업에 종사해도 소명감이나 삶의 의미라는 측면에서 다른 삶을 산다고 할 수 있을 것입니다.

나와 엄마의 삶 해석하기

본문을 마치며 정리하자면, 자신이 받는 고난이나 역경이 삶의 의미나 소명으로 이어지기 위해서는 나의 어려움을 잘 해석할 필요가 있습니다.

각자의 처지와 형편에 따라 다르겠지만 저는 엄마의 치매를 이렇게 해석해 봅니다. 그동안 하나님을 만나 구원받은 기쁨을 가지고 열심히 가정과 교회를 섬긴 엄마에게, 걱정 근심 다 내려놓고 자녀들의 효도 받으며 맘껏 쉬시다가 하늘나라에 가시도록 덤으로 주어진 시간이라고 말입니다. 그러니까 하늘나라에 가기 전 '쉼'이라는 정거장 혹은 '죽음을 잘 받아들일 수 있도록 준비하는 기간'으로 생각하며 엄마를 돌보고 있습니다.

물론 엄마에게 일반적인 의미의 죽음 준비교육을 할 수는 없지만, 엄마가 이해하실 수 있는 엄마의 언어로 최소한 엄마가 죽음을 두려워하지 않으시고 잘 받아들일 수 있도록 자연스럽게 죽음에 관한 이야기를 자주 합니다.

이를테면 엄마가 살아오시면서 하신 일들을 칭찬해드리면서 "엄마는 죽어서 천국 가도 하나님이 칭찬해 주실 거고, 또 이 땅에서도 우리 가족이 엄마에게 이렇게 잘하니까 행복하실 거 같아요. 어떠세요? 좋으세요?" 하면 좋다고 하시지요. 이런 식으로 점점 천국에 소망을 두시도록 애를 씁니다. 나아가 저에게 엄마를 돌보며 함께하는 시간은 알게 모르게 딸에게 상처를 주었던 엄마를 용서하고, 저 역시 엄마에게 용서를 구하는, 즉 저와 엄마가 성령님을 사이에 두고 화해하는 시간이기도 합니다.

기독교 상담을 전공한 제가 치매 환자를 돌보는 처지이기에 같은 처지에 놓여 있는 형제자매들에게 이 책이 조금이라도 위로가 되어준다면, 그래서 하나님의 구속사에 조금이라도 보탬이 되었으면 좋겠습니다.

치매 교인의 가족을 위한 방안

가족지지 모임

교회 공동체에서 치매 교인 가정을 도울 수 있는 방안들이 있습니다. 먼저 형편에 따라 가족지지 모임을 구성할 수 있습니다. 교회의 규모가 크면 치매 가족을 돌본 경험이 있는 사람들을 리더로 세워서 '자조 모임'을 만들 수 있겠지요. 자조 모임(self-help group)이란 공통의 문제를 가진 비전문인들이 모여 자발적으로 서로에게 도움을 주고받는 모임을 말합니다. 또 치매 교인의 가족들을 도울 수 있는 봉사팀을 만들어서 가족의 상황에 맞게 도움을 줄 수 있습니다. 예를 들어 치매 환자를 돕는 일들과 치매 환자를 돌보는 이들을 위한 봉사로 나누어서 말입니다. 혹은 치매와 관련된 특강을 가질 수도 있겠죠. 앞서 살펴본 것처럼 교회에서 치매인 성도들을 어떻게 이해하고 배려할 수 있는지 앞으로 더 많은 배움과 나눔이 있어야 할 것입니다. 교회의 규모가 작으면 작은 대로 교회 공동체의 지체임을 느낄 수 있도록 전화나 문자로 서로 격려하고 때로는 음식이나 간식, 아니면 시간을 내어줄 수도 있을 것입니다.

치매 가족 지원 사업[12]

치매안심센터에서는 치매 환자를 돌보는 가족들을 위해 가족상담, 치매환자쉼터, 집중사례관리, 힐링프로그램 서비스 등을 제공하는 '치매 가족 지원 사업'을 운영하고 있습니다.

- 가족 상담: 환자 가족의 돌봄 부담 요인을 파악하고 부담을 경감해 주는 적절한 서비스를 연계
- 가족 교실: 치매 환자 가족의 치매와 돌봄에 대한 이해를 높이고 돌봄 역량을 향상시키는 역할 제공
- 자조 모임: 치매 환자 가족 간 정서 및 정보 교류를 통해 심리적 부담을 경감하고 사회적 고립을 방지
- 가족 카페: 치매 환자와 가족이 편안하게 방문하여 휴식을 취하고, 가족과 교류할 수 있는 장소를 제공

교회에서 치매 교인 가족을 도울 수 있는 방법

1. 경험이 있는 교인을 리더로 세워 같은 상황의 교인들과 자조 모임 형성하기

2. 치매 환자와 가족을 심방하고 요리와 청소 등의 도움을 제공하기

3. 돌봄시설을 운영하여 환자를 보호 및 돌봐주고 가족들에게 쉬는 시간을 제공하기

4. 치매와 치매 교인에 관한 올바른 인식을 위해 강의와 교육 실시하기

5. 치매 교인과 가족에게 자주 연락하여 격려와 위로를 전달하기

6. 치매 교인에게 '치매공공후견인'이 되어주기

 : 치매공공후견 제도는 치매로 의사결정능력이 부족한 노인의 자기결정권을 보호하고자 자기결정능력이 저하된 치매 환자에게 후견인의 도움을 받을 수 있도록 심판청구 후견인 관리 등을 지원하는 제도입니다. 공공후견인의 구체적인 역할로는 사회복지 서비스에 대한 신청뿐 아니라 '통장 등의 재산 관리, 관공서 등의 서류발급, 병원 진료, 물건 구매 등' 일상생활에 필요한 의사결정 지원을 후견인이 대리인의 자격에서 수행합니다. 따라서 이런 일은 치매 환자에 대한 '사랑'과 '신뢰'가 바탕이 되어야 하기 때문에 교회에서 치매 교인을 잘 아는 분이 일정 교육을 받고 후견인이 되어주는 것도 치매 교인을 돕는 하나의 좋은 방법이 될 수 있습니다.[13]

끝맺는 말

인생은 '광야의 여정에서 감사로 응답하는' 삶

글을 마무리하고 나니, 인생은 '광야의 여정에서 감사로 응답하는' 삶이라는 생각이 들었습니다. 그동안은 정상을 바라보며 산을 오르듯이 인생을 살아왔는데, 치매를 사는 엄마를 통해 인생은 언제 어떤 일을 만날지 알 수 없는 '광야'라는 생각이 들었습니다.

치매 환자는 살아가는 데 필요한 기능을 하나씩 상실해가기에 날마다 예상치 못한 어려움이 발생합니다. 우리의 인생도 그렇게 매일 크고 작은 '광야'의 연속입니다. 이를테면 나이가 들어갈수록 건강에 문제가 생기기도 하고 자녀들에게 어려움이 닥치기도 합니다. 뜻하지 않은 재정상의 어려움을 겪기도 하고 이런저런 이유로 자신감이나 희망을 잃어버리기도 하죠. 물론 원치 않는 헤어짐이나 사별로 관계가 끝나 버리기도 하고요.

그럴지라도 우리가 여전히 소망 가운데 살아갈 수 있는 것은, 이스라엘 백성의 광야 여정을 통해 사람이 살 수 없는 '광야'일지라도 하나님이 함께하시면 넉넉히 살아낼 수 있음을 확실히 보았기 때문입니다. 가나안을 목전에 둔 이스라엘 백성만이 아니라 지금 이 시대를 살아가는 우리도 마찬가지입니다. 우리는 하나님과 함께할 때 광야 가운데 있어도 행복할 수 있고 하나님과 함께하지 않으면 젖과 꿀이 흐르는 가나안일지라도 광야보다 못한 곳이 될 수 있습니다.

예컨대 치매 환자와 사는 삶은 고통만 가득하리라 생각하지만 그렇지 않습니다. 하나님이 함께하셨기에 광야에서도 배불리 먹을 수 있었던 것처럼, 하나님과 함께하면 치매 환자를 돌보는 일이 힘들더라도 그 가운데 기쁨을 찾을 수 있습니다. 또 하나님이 감당할 힘을 주십니다.

그래서 우리는 날마다 감사로 응답할 수밖에 없습니다. 반년을 지켜주신 하나님께 감사하고, 남은 반년을 감사로 시작하는 보릿가을 맥추감사 주일의 의미처럼 늘 감사로 시작하고 감사로 마감하는 하루하루가 될 수 있습니다.

이 책에서 '치매 환자에게 남겨진 은혜의 섬(기도, 찬양, 예배라는 은혜의 섬)'에 대해 살펴봤습니다. 어쩌면 최고의 기도는 감사이고, 최고의 찬양과 최고의 예배도 감사라는 생각이 듭니다. 무엇보다도 나에게 주어진 상황, 특별히 내 힘으로 바꿀 수 없는 조건이나 환경에 원망 불평하기보다 하나님 말씀에 의지하여 감사하며 '아멘'으로 응답하는 것이 인생이라는 걸 엄마와의 생활을 통해 다시 한번 깨닫습니다.

끝으로 '존재' 그 자체로 많은 걸 가르쳐준 엄마 박영희 님과 '행위'를 통해 사랑을 보여주신 아버지 강인환 님, 정성껏 부모님을 보살피고 섬긴 동생 강근복 님, 그리고 언제고 기댈 수 있는 든든한 버팀목이 되어준 남편과 두 아들에게 고마운 마음을 전합니다. 끝으로 이 책이 나오기까지 최선을 다해 애써주신 생명의말씀사에 감사를 전합니다.

주

1) "65세 이상 초고령 '치매 환자' 급증… '교회도 고민해야'" https://www.goodnews1.com/news/articleView.html?idxno=401863
2) 오자와 이사오, 이근아 옮김. 『치매를 산다는 것』, 이아소, p.80
3) 치매자가진단 https://www.nid.or.kr/support/hi_list.aspx
   치매예방수칙 https://www.nid.or.kr/info/diction_list8.aspx?gubun=0801
4) "이총리 부부, 대학로 연극관람… '치매는 사회·정부의 숙제'" https://news.nate.com/view/20171029n19783
5) 윌리엄 어터몰렌의 자화상 http://boicosfinearts.com/exhibitions/william-utermohlen-a-persistence.html
6) 헨리 나우웬, 김명희 옮김. 『아담』, 한국기독학생회출판부, p.33
7) "순교자 후손의 길 밝히며 앞장서 실천" http://news.kmib.co.kr/article/view.asp?arcid=0924240005&code=23111111&sid1=pol%20target=
8) 벤자민 마스트, 황영아 옮김. 『내 기억 속의 하나님의 은혜』, 그리심, p.62
9) "휠체어에서 백조로, 몸의 기억은 치매보다 강했다" https://www.chosun.com/international/topic/2020/11/12/2B2ICRHTKVATJEJT3RCPS3FBZQ
10) "치매 가족이 겪는 심리 단계" https://saiwaicl.jp/outline/pdf/article_22.pdf
11) 최상영. 「개척교회 목회자의 삶의 의미에 관한 내러티브 탐구」 p.15
12) 중앙치매센터 https://www.nid.or.kr/info/new_guide_list9.aspx?gubun=0102
13) 5분이면 이해되는 [치매공공후견제도] https://www.dementia.or.kr/bbs/index.php?code=news&category=&gubun=&page=1&number=1129&mode=view&keyfie

참고문헌

강현숙, 『내 마음과의 거리는 10분입니다』, 궁리

강현숙, 『신중년·신노년의 마음공부』, 박영스토리

존 던롭, 장보철 옮김, 『은혜의 눈으로 치매 환자 대하기』, 새물결플러스

오자와 이사오, 이근아 옮김, 『치매를 산다는 것』, 이아소

이성희, 유경, 『엄마의 공책』, 궁리

제럴드 L. 싯처, 윤종석 옮김, 『하나님의 은혜』, 성서유니온

로버트슨 맥퀼킨, 양혜원 옮김, 『서약을 지킨 사랑』, 복있는사람

이진희, 『광야를 읽다』, 두란노

다움영성형성 수업과 훈련, '2016년 사모사랑센터 사모의 전화 심화교육 교재'

혼다 미와코, 이브지네스트 외 1명, 조문기 옮김, 『휴머니튜드 입문』, 물고기숲

온조 아야코, 박정임 옮김, 『뇌 과학자의-엄마, 치매에 걸리다』, 지호

낸시 L. 메이스, 피터 V. 라빈스, 안명옥 옮김, 『36시간: 길고도 아픈 치매 가족의 하루』, 조윤커뮤니케이션

이시형, 『빅터 프랭클의 삶의 의미를 찾아서』, 청아출판사

장인석, 『삶의 의미를 찾는 역경의 심리학』, 나노미디어

최상영, 「개척교회 목회자의 삶의 의미에 관한 내러티브 탐구」(2015)

대한노인정신의학회 https://www.kagp.or.kr:8009/ko/4

중앙치매센터 홈페이지 https://www.nid.or.kr/main/main.aspx

패티 비엘락스미스, 이민아 옮김, 『치매가 인생의 끝은 아니니까』, 한국NVC출판사

장유경, 『깜박깜박해도 괜찮아』, 딜레르

치매극복수기수상작 모음집(2007~2016), 서울특별시 광역 치매센터

클레르보의 버나드, 엄성옥 옮김, 『하나님의 사랑』, 은성

"치매 환자였던 레이건 대통령이 행복할 수 있었던 이유" https://m.post.naver.com/viewer/postView.naver?volumeNo=32620704&memberNo=1452312

"치매 걸린 화가의 자화상" https://blog.naver.com/df3714/70185658604

사명선언문

너희가 흠이 없고 순전하여……세상에서 그들 가운데 빛들로
나타내며 생명의 말씀을 밝혀 _ 빌 2:15-16

1. 생명을 담겠습니다
만드는 책에 주님 주신 생명을 담겠습니다.
그 책으로 복음을 선포하겠습니다.

2. 말씀을 밝히겠습니다
생명의 근본은 말씀입니다.
말씀을 밝혀 성도와 교회의 성장을 돕겠습니다.

3. 빛이 되겠습니다
시대와 영혼의 어두움을 밝혀 주님 앞으로 이끄는
빛이 되는 책을 만들겠습니다.

4. 순전히 행하겠습니다
책을 만들고 전하는 일과 경영하는 일에 부끄러움이 없는
정직함으로 행하겠습니다.

5. 끝까지 전파하겠습니다
모든 사람에게, 땅 끝까지, 주님 오시는 그날까지
복음을 전하는 사명을 다하겠습니다.

서점 안내

광화문점   서울시 종로구 새문안로 69 구세군회관 1층
             02)737-2288 / 02)737-4623(F)

강남점   서울시 서초구 신반포로 177 반포쇼핑타운 3동 2층
             02)595-1211 / 02)595-3549(F)

구로점   서울시 동작구 시흥대로 602, 3층 302호
             02)858-8744 / 02)838-0653(F)

노원점   서울시 노원구 동일로 1366 삼봉빌딩 지하 1층
             02)938-7979 / 02)3391-6169(F)

일산점   경기도 고양시 일산서구 중앙로 1391 레이크타운 지하 1층
             031)916-8787 / 031)916-8788(F)

의정부점 경기도 의정부시 청사로47번길 12 성산타워 3층
             031)845-0600 / 031)852-6930(F)

인터넷서점 www.lifebook.co.kr